PAULUS VENNEBUSCH

# SCHON WIEDER EIN JAHR
## jünger!

Die besten Geschichten zum Geburtstag

arsEdition

*Für meine Eltern*

# Inhaltsverzeichnis

# DIE BESTE
## Freundin

Nele nippte frustriert an ihrem Weinglas, während Judith ihr aufmunternd den Arm tätschelte. „Ach komm, Nele, so schlimm wird das schon nicht werden. Es sind nur acht Tage. Und außerdem kann man sich ja auch aus dem Weg gehen."

Nele schüttelte stumm den Kopf. Dann schaute sie ihre Freundin verzweifelt an. „Du kennst meine Mutter. Der kann man nicht aus dem Weg gehen. Erst recht nicht auf einem Schiff."

Judith startete einen weiteren Versuch, Nele zu trösten: „Sei nicht so undankbar. Ich würde mich freuen, wenn meine Mama mir zum Geburtstag eine Kreuzfahrt geschenkt hätte."

„Ja, deine Mama ist ja auch cool. Meine nicht."

Judith ließ nicht locker. „Trotzdem: Palma, Barcelona, Ibiza … das klingt doch super. Ich würde sofort mit dir tauschen!"

„Ich hätte es lieber, du tauschst mit meiner Mutter. So eine Reise möchte man doch mit der besten Freundin machen. Und nicht mit einer dreiundsechzigjährigen, oberpeinlichen Rentnerin."

Es half nichts. Es war ein Geschenk zu ihrem fünfundzwanzigsten Geburtstag. Die Reise war gebucht. Und ihre Mutter würde um keinen Preis auf die Woche Qualitätszeit mit ihrer Tochter verzichten wollen. Nele wusste: Da musste sie durch.

Zwei Tage später fuhr Judith das ungleiche Paar zum Flughafen: die hervorragend gelaunte Angelika Drechsler und ihre zerknirschte Tochter Nele. Zum Glück hatte Judith sich den Kombi ihres Vaters leihen können. Die Tasche ihrer Freundin hätte zwar auch in ihrem Polo Platz gehabt, aber mit den vier Koffern der Mutter wäre es eng geworden. Schon als sie das Gepäck im Kofferraum verstauten, hatte Nele zum ersten Mal den dringenden Wunsch, im Erdboden zu versinken. „Mama, du wanderst nicht aus – wir sind nur eine Woche weg."

„Glaub mir, Kind", gab Angelika zurück, „man weiß nie, wie das Wetter wird. Und außerdem kennen wir das ja vom Traumschiff: Wenn du nicht dastehen willst wie der letzte Bauerntrampel, brauchst du jeden Abend eine andere Garderobe! Ich bin ja so aufgeregt!"

„Ja, und Florian Silbereisen freut sich auch schon auf dich", nölte Nele so leise, dass ihre Mutter es nicht hören konnte.

Vier Koffer! Nele fand das völlig übertrieben. Sie fuhren ein paar Tage auf die Balearen. Im Hochsommer. Natürlich hatte auch sie ein Outfit für den Abend mitgenommen. Aber nur eins! Ansonsten sollten ihre normalen Urlaubsklamotten ausreichen: drei leichte Sommerkleider, die weite Leinenhose, ein paar Blusen, zwei Bikinis und für den Abend eine Strickjacke. Außerdem: Wer wusste schon, ob sie ihre Kabine überhaupt oft verlassen würde? Vermutlich konnte sie sich schon nach dem ersten Abend nicht mehr an Bord blicken lassen, so peinlich, wie ihre Mutter meistens auftrat.

Knapp zwei Stunden später saßen Mutter und Tochter endlich nebeneinander in der Maschine nach Palma de Mallorca. Angelika Drechsler war die einzige Passagierin, die sich für den knapp dreistündigen Flug mit aufblasbarem Nackenkissen und Alpaka-Decke ausgerüstet hatte. Ohne Zögern begann sie ein Gespräch mit dem älteren Herrn, der links von ihr saß. Der erfuhr, dass es erst der zweite gemeinsame Flug der beiden sei und dass die Kleine damals erst vier Monate alt gewesen und von fürchterlichen Blähungen gequält worden war. Der Herr rümpfte mitfühlend die Nase. Nele stellte sich schlafend und registrierte erstaunt, dass sie auch dann mit den Augen rollen konnte, wenn diese geschlossen waren.

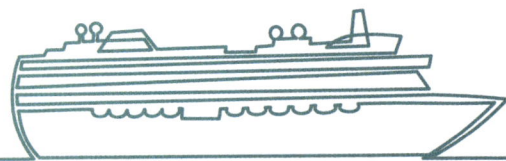

Der Bus, der Nele und ihre Mutter die knapp vierzehn Kilometer vom mallorquinischen Flughafen zum Schiffsanleger brachte, war voll besetzt. Nele wunderte sich. Sie hatte immer gedacht, Kreuzfahrten seien in erster Linie etwas für Senioren. Die Fahrgemeinschaft, die schon bald in See stechen sollte, war jedoch bunt gemischt. Die jüngsten Gäste waren noch keine zwanzig. Es gab etliche Reisende in Neles Alter. Und der junge Mann, der drei Reihen vor den beiden saß und sich auffällig häufig zu ihnen herumdrehte, war sicher auch höchstens dreißig. Schöne Augen. Sehr schöne Augen sogar. Umso peinlicher, dachte Nele, dass ihre Mutter seinen Blicken mit frechem Augenaufschlag und keck geschürzten Lippen begegnete.

„Na, das ist aber mal ein knackiger Kerl, oder?", flüsterte sie ihrer Tochter zu.

„Mama, der ist viel zu jung für dich", zischte Nele.

„Wieso? Alter ist immer eine Frage der Einstellung", entgegnete Angelika.

„Stimmt", bestätigte die Tochter. Sie fühlte sich im Augenblick wie hundert.

Das Treiben an Bord erinnerte an das geschäftige Gewusel in einem Ameisenhaufen. Menschen mit und ohne Gepäck liefen aufgeregt hin und her, gestikulierten wild, riefen nach dem Bordpersonal und versuchten, sich eine erste Orientierung zu verschaffen. Es wurde erst ruhiger, als die meisten Passagiere ihre Kabinen endlich gefunden hatten und hinter verschlossenen Türen ihre Koffer auspackten, um sich für die kommenden acht Tage einzurichten. Angelika gefiel ihre gemeinsame Zweierkabine ausnehmend gut. Sie war mit siebzehn Quadratmetern zwar etwas eng, aber das Bett war bequem und dank des großen Fensters war es angenehm hell. Es gab sogar einen kleinen Balkon. Die Mutter schaute sich um: „Na, was sagst du? Toll, oder?"

„Ja, ist ganz nett", musste Nele zugeben.

„Aber so oft werden wir beide

wahrscheinlich sowieso gar nicht hier unten sein", lachte Angelika. „Hast du die Poolbar gesehen? Was für ein Ausblick. Und wir haben all-inclusive!" Die letzten beiden Wörter sang sie fast.

Endlich legte das Schiff ab. Angelika kündigte an, vorm Abendessen noch duschen zu wollen, und Nele nutzte die Gelegenheit, um ein wenig über Deck zu schlendern und sich umzuschauen. Die Abendluft war noch herrlich warm, es ging ein leichter Wind, und Nele musste zugeben: Ja, so ein Schiff hatte was. Eine Woche Meer und Sonne – vielleicht war die Idee mit der gemeinsamen Kreuzfahrt doch nicht so schlecht gewesen. Außerdem waren sie und ihre Mutter ja nicht allein. Es sollte doch mit dem Teufel zugehen, wenn unter den fast zweitausend Passagieren nicht auch ein paar ganz normale, nette Menschen wären, mit denen man es gut aushalten konnte. Sie versuchte, den kommenden Tagen positiv entgegenzublicken. Trotzdem fühlte sie sich irgendwie fehl am Platz. Dabei waren sie gerade mal dreißig Minuten unterwegs.

Nele brauchte nicht lange, um sich fertig zu machen. Auch sie hatte geduscht und war in ihre bequeme Abendgarderobe geschlüpft: Jeans, hellblaues T-Shirt und die beige Strickjacke. Sie gingen ja nur zum Essen – und nicht zur Oscar-Verleihung. Als sie aus dem Bad kam, stand Angelika schon fertig in der Tür. „Na endlich. Kommst du?"

„Mama, das ist nicht dein Ernst!"

Nele kannte ihre Mutter als Frau, die meistens zweckmäßig und unprätentiös gekleidet war. Aber bei den wenigen feierlichen Anlässen, bei denen sie sich hatte herausputzen können, hatte Angelika geschmacklich stets danebengegriffen: Am schlimmsten war der papageienbunte Jumpsuit gewesen, mit dem sie zu Neles Abiturball erschienen war. Nie war ihr etwas peinlicher gewesen. Und ausgerechnet in diesem fürchterlichen, mittlerweile sieben Jahre alten Einteiler wollte sie an der Seite ihrer Tochter zum ersten Mal den Speisesaal betreten? Nele schauderte und wäre am liebsten im Erdboden versunken. Aber Angelika ließ sich nicht beirren, und so kam es, dass die Gäste an den Nachbartischen schon am ersten Abend ein amüsantes gemeinsames Gesprächsthema hatten.

Auf den abschließenden Absacker hatte Nele dankend verzichtet. Sie war gleich nach dem Essen in der Kabine verschwunden, während ihre Mutter noch an die Bar ging – ihr war es offenbar völlig egal, dass die anderen über ihren Kleidungsstil tuschelten. Als Angelika viele Stunden später ebenfalls ins Bett fiel, schlief ihre Tochter schon lange.

Am nächsten Morgen weckte Nele ein unvertrauter Geruch. Es roch nach Zigarettenrauch. Angelika saß schon auf dem Balkon und schaute aufs offene Meer hinaus. Nele war sofort hellwach und stürmte zur offenen Tür.

„Mama, du rauchst?"

„Warum denn nicht? Wir haben schließlich Urlaub!"

„Ich fasse es nicht", staunte Nele. „Und ich dachte immer, du machst so was nicht."

„Wann denn auch?", lachte Angelika. „Als Mutter will man ja Vorbild sein. Aber mittlerweile bist du alt genug. Und ich bin noch jung genug, um das ein oder andere nachzuholen! Doof oder cool?"

„Irgendwie cool", musste Nele zugeben. „Wann warst du denn im Bett?"

„Weiß ich nicht mehr genau. Ich habe mich an der Bar verquatscht. Drei Caipirinhas. Oder waren es vier? Sebastian ist jedenfalls echt nett – er hat mir sogar ein Kompliment für den Jumpsuit gemacht. Dabei ist er eigentlich fast so schüchtern wie du."

„Wer ist Sebastian?"

„Na, der Buchhändler aus Aachen."

„Welcher Buchhändler?"

„Der junge Mann aus dem Bus! Der mit den schönen Augen."

Nele stöhnte auf. „Mama, das ist voll peinlich, der könnte dein Sohn sein!"

„Oder mein Schwiegersohn. Demnächst. Du gefällst ihm."

„Mama!"

„Ich habe ihm nur erzählt, dass du noch Single bist. Und was du alles Tolles machst. Und dass du gern liest."

Nele wurde ein wenig rot. „Und was hat er gesagt?"

„Das verrät er dir heute Abend persönlich. Wir haben ein Date!" Das Wort „Date" betonte sie dabei auf die gleiche flötende Weise wie am Abend zuvor „all-inclusive".

Als sich Nele kurz vorm Abendessen im Bad im Spiegel ansah, war sie ein wenig nervös, aber dennoch ganz zufrieden. Sie hatte sich nur dezent geschminkt und das weiße Baumwollkleid mit den gestickten Blümchen stand ihr gut. Keine Haute Couture, aber immerhin passender für eine erste Verabredung als Jeans und Strickjacke. Sie putzte sich die Zähne und versuchte gleichzeitig, sich die Haare zu kämmen. Da passierte es: Die elektrische Zahnbürste fiel ihr aus der Hand und hinterließ auf dem Kleid eine unschöne Zahnpastaspur in den Farben Rot, Grün und Weiß! Angelika, die im Schlafzimmer auf ihre Tochter wartete, hörte das Fluchen durch die geschlossene Badezimmertür. „Schatz, was ist passiert?"

Nele stürmte verzweifelt aus dem Badezimmer, bremste dann aber ab und traute ihren Augen nicht: Angelika drehte sich vor der Spiegelkommode hin und her.

„Mama, du siehst umwerfend aus!"

Nicht zu glauben, dass dieselbe Frau noch am Vorabend in einem papageienbunten Einteiler die Lachnummer des halben Schiffs gewesen war. Heute Abend aber strahlte Angelika wie ein Filmstar aus den Zwanzigerjahren: Die an den Beinen weite, schwarze Leinenhose mit den feinen Nadelstreifen und der dazu passende kurz geschnittene Blazer erinnerten an die Extravaganz einer Marlene Dietrich und die eierschalenfarbene Seidenbluse fügte sich perfekt in dieses elegante Ensemble ein.

„Meinst du, ich kann so gehen?", fragte sie.

„*Du* ja", sagte Nele leise und schaute an sich herunter.

Im Speisesaal richteten sich alle Augen auf die wunderschöne, elegante Erscheinung in Schwarz. Nele genoss die Blicke und schaute ihre Mutter dankbar an. „Gut, dass wir beide die gleiche Größe tragen", flüsterte Angelika ihr zu. „Du siehst super aus. Der Anzug ist wie für dich gemacht."

Die Mutter war in eins ihrer weiteren Outfits geschlüpft, sie hatte ja genug dabei. Jedenfalls stand ihr das petrolfarbene Cocktailkleid ebenfalls sehr gut.

Sebastian aß mit an ihrem Tisch, legte seine Schüchternheit

schnell ab und entpuppte sich als freundlicher, eloquenter und witziger Gesprächspartner. Nun spürte auch Nele, dass sein Interesse eher ihr als der Mutter galt. Wobei sie zugeben musste, dass Angelika die Sache wirklich geschickt eingefädelt hatte. Sie selbst hätte nie gewagt, den jungen Mann, der ihr sehr gut gefiel, anzusprechen. Mit ihrer zurückhaltenden Art hatte sie ihrem Glück schon öfter im Weg gestanden. Judith sagte gerne, es sei kein Zufall, dass Nele immer noch Single war.

Aber an diesem Abend war sie locker wie lange nicht mehr. Was nicht nur an dem guten spanischen Rotwein lag, von dem sie bereits die zweite Flasche angebrochen hatten, sondern auch daran, dass Angelika ihre Tochter in allerbestem Licht dastehen ließ. Sie unterhielt die kleine Gesellschaft mit wunderbaren und sympathischen Geschichten aus Neles Leben. „Deine Mutter kann toll erzählen", lächelte Sebastian sein Gegenüber an. „Und das Thema ihrer Geschichten finde ich hochinteressant."

Nele wurde rot. Angelika lachte: „Normalerweise ist es ihr immer peinlich, wenn ich über sie rede."

„Normalerweise erzählst du aber auch nur die peinlichen Geschichten", dachte Nele. Heute erlebte sie ihre Mutter jedenfalls zum ersten Mal von einer ganz anderen Seite.

Als sie später zu dritt an der Bar standen und bei einem Cocktail der Sonne dabei zusahen, wie sie im Meer versank, entschuldigte sich Sebastian und ließ die beiden Frauen kurz allein. Angelika knuffte ihre Tochter in die Seite. „Läuft doch. Ich freue mich für dich."

Nele strahlte. „Danke, Mama – für deine Geschichten, aber auch für das Outfit. Ich wusste gar nicht, dass du so coole Klamotten besitzt."

„Tja, Kind, du weißt viele Dinge nicht. Du wusstest ja auch nicht, dass ich tätowiert bin, oder?"

„Du bist was?"

„Ich dachte, bevor du deine Mutter das erste Mal seit zwanzig Jahren wieder im Badeanzug siehst, sage ich es dir lieber vorher."

„Zeig!"

„Geht jetzt nicht. Sebastian kommt gerade wieder."

„Mama!"

Es war schon nach zwei Uhr, als Angelika bäuchlings und in Unterwäsche auf dem Kabinenbett lag und kicherte. Nele saß neben ihr und bestaunte beinahe ehrfürchtig das Kunstwerk auf ihrer Haut.

„Das ist *Das Mädchen mit dem Perlenohrring* von Jan Vermeer", sagte Angelika stolz.

„Ich weiß. Das ist sehr schön!", flüsterte Nele.

„Ja, und auf die andere Backe lasse ich mir dann zum Siebzigsten die *Mona Lisa* stechen", lachte Angelika. „Das hättest du mir nicht zugetraut, oder?"

„Vor allem nicht, weil du dagegen warst, als ich mir ein Tattoo machen lassen wollte."

„Damals warst du achtzehn. Ich war immerhin sechzig. In dem Alter weiß man, was man tut. Willst du denn immer noch ein Tattoo?"

„Ich überlege es mir."

„Nicht zu lange überlegen, mein Kind. Manche Dinge muss man einfach machen!"

Am dritten Tag hatten sie ihren ersten Landgang in Sète. Nele und Sebastian bummelten gemeinsam durch das südfranzösische Hafenstädtchen, aßen in einem kleinen Fischrestaurant direkt am Meer zu Mittag und Nele kaufte sich einen extravaganten, aber wunderschönen Sommerhut. In einem kleinen Antiquariat erstand Sebastian eine frühe Originalausgabe eines seiner Lieblingsbücher, Antoine de Saint-Exupérys *Le Petit Prince*. Vor der Weiterfahrt trafen sie sich mit Angelika in einem kleinen Hafencafé. „Ich hoffe, ihr hattet einen schönen Tag. Aber jetzt muss ich dir Nele kurz entführen, junger Mann. Wir sehen uns später an Bord", raunte sie Sebastian geheimnisvoll zu und verschwand mit der verdutzten Tochter im Gewimmel des kleinen Hafens.

Auch in den folgenden Tagen verbrachten sie viel Zeit zu dritt. Wobei Angelika jedes Mal genau spürte, wann es Zeit für sie war, sich zurückzuziehen. Anders als die zwei schüchternen jungen Menschen hatte sie längst erkannt, dass beide Herzen in Flammen standen. Vor allem die Landgänge genossen Nele und Sebastian meist allein, was Angelika ganz recht war, denn sie hatte sich mittlerweile mit Johannes angefreundet, einem alleinstehenden Lehrer, der auf dem gleichen Deck nur wenige Kabinen weiter residierte und zwei Jahre jünger war als sie. In Barcelona, auf Ibiza und in Alicante trafen sie sich zum jeweiligen Abschluss-Drink des Landgangs bereits zu viert.

Die Tage vergingen schneller, als Nele lieb war. Es war der letzte Abend auf See. Am nächsten Mittag würden sie in Málaga einlaufen und dann ging es mit dem Flieger wieder zurück nach Deutschland. Nele und Sebastian standen an der Reling und schauten in die sternenklare Nacht, als er zum ersten Mal seinen Arm um sie legte.

„Was denkst du?", fragte sie ihn. Er zog sie zu sich heran und küsste sie.

„Das Gleiche habe ich gerade auch gedacht", hauchte sie und küsste zurück.

„Wir sehen uns wieder", sagte er leise, als sich ihre Lippen endlich voneinander gelöst hatten.

„Ganz sicher", lächelte Nele. „Am liebsten für länger."

„Und dann noch ein bisschen sehr viel länger?"

„Genau."

Neles Smartphone vibrierte. „Was für ein Timing", lachte sie. „Das ist meine Mama. Sie ist die Einzige, die mir noch SMS schreibt." Sie schaute auf das Display und lachte erneut.

„Was ist los?", fragte Sebastian irritiert.

„Tja, ich habe ein Übernachtungsproblem. Meine Bettseite ist heute leider schon von jemand anderem belegt. Ich darf entscheiden: Entweder ich schlafe in deiner Kabine – oder in der von Johannes."

Sie ließen sich in Sebastians Kabine auf die Kissen fallen und umarmten sich liebevoll. „Du hast eine echt coole Mama", sagte Sebastian. „Das habe ich sofort bemerkt."

„Echt?", erwiderte Nele. „Ich habe fünfundzwanzig Jahre gebraucht, um das zu erkennen."

„So, jetzt interessiert mich aber die Tochter."

Sebastian öffnete den oberen Knopf von Neles Bluse.

„Pass bitte an meinem linken Schulterblatt auf", bat sie. „Das tut noch ein bisschen weh. Ich habe da ein frisches Tattoo. Aus Sète."

„Oh, cool. Welches Motiv?"

„Guck doch nach!"

Es war ein Buch. *Le Petit Prince* von Antoine de Saint-Exupéry.

Judith hatte ihr Versprechen gehalten und holte Nele und ihre Mutter pünktlich am Flughafen ab. Während Angelika noch am Gepäckband auf drei ihrer vier Koffer wartete, ging Nele schon durch die Absperrung und wurde von der Freundin mit einer stürmischen Umarmung begrüßt.

„Na, wie schlimm war's?", frotzelte Judith.

„Gar nicht schlimm! Ich muss dir so viel erzählen", strahlte Nele.

„Klingt spannend. Aber es bleibt dabei: Das nächste Mal fährst du dann mit deiner besten Freundin, oder?", fragte Judith.

„Das habe ich diesmal schon getan", lachte Nele. „Ich wusste bisher nur noch nicht, dass ich zwei beste Freundinnen habe."

# Ein Gutschein
## KOMMT SELTEN ALLEIN

„Na super. Stau!" Manuela verdrehte die Augen. „Und wir haben noch vierzig Kilometer vor uns."

„Dreiundvierzig Kilometer", korrigierte Stefan. „Nach dem Kreuz Leverkusen wird es sicher besser."

„Ich weiß nicht, warum deine Mutter uns ausgerechnet heute sehen muss. In zwei Wochen wird sie achtzig. Da wären wir eh alle zusammengekommen! Paula, hast du eigentlich schon ein Geschenk für Oma?"

Paula antwortete nicht. Sie saß auf der Rückbank und hörte mit Ohrstöpseln auf ihrem Smartphone Musik.

Stefan seufzte. „Schatz, sie wird ihre Gründe haben. Es klang dringend. Wenn du mich fragst, ich glaube, sie will das Erbe besprechen."

„Ich nehme das Klavier!", rief Paula etwas zu laut von der Rückbank, ohne die Stöpsel aus den Ohren zu nehmen.

„Ach, *das* hörst du jetzt!", lachte Manuela höhnisch.

„Das sagst du bitte nicht in Omas Anwesenheit, Paula", bat Stefan seine Tochter. Diese Bitte wiederum gelangte nicht an Paulas Ohren.

„Na, da bin ich aber mal gespannt, ob du wirklich das Haus bekommst", meinte Manuela. „Du bist schließlich der Ältere. Und du bist ihr einziger Sohn. Außerdem hat deine Schwester sowieso keinen Bedarf ... sie ist ja bestens versorgt."

„Wie meinst du das?"

„Du weißt ganz genau, wie ich das meine!"

„Ah, es geht endlich weiter." Stefan war froh, dass der Stau sich auflöste und er sich wieder auf den Verkehr konzentrieren konnte.

Auf der A3 von Frankfurt nach Bonn war deutlich weniger los. Susanne konnte den SUV auf der linken Spur problemlos auf 180 hochjagen, während die Kinder auf den Monitoren in den Kopfstützen einen Film schauten. Das regelmäßige leise Schnaufen vom Beifahrersitz verriet ihr, dass Peter döste. Sie war nicht unglücklich darüber, dass er schlief, so konnte sie ungestört über ein Geburtstagsgeschenk für ihre Mutter nachdenken. Geld spielte bei ihnen ja keine Rolle. Es sollte schon etwas Besonderes sein – vielleicht ein Gutschein für einen gemeinsamen Wochenend-Trip nach London? Von einer Familienreise in ihre Lieblingsstadt hatte Mama schon immer geträumt, das wäre eine richtig schöne Geburtstagsüberraschung. Wenn sie ihren Kalender richtig im Kopf hatte, könnte das sogar dieses Jahr noch klappen. Natürlich hatte auch Susanne sich gewundert, dass ihre Mutter das Familientreffen so kurz vor ihrem runden Geburtstag angesetzt hatte, aber sie war sicher, dass die alte Dame ihre Gründe hatte.

„Mama, wie lange dauert es noch?" Der Film war offenbar vorbei. Max und Lea waren aus ihrer Trance erwacht und schlagartig stellte sich Langeweile bei ihnen ein.

„In einer Viertelstunde sind wir da."

Peter schlug die Augen auf. „Wetten, es geht ums Testament?"

Es war schon früher Abend, als Stefan endlich die Klingel am Eingang seines Elternhauses betätigte. Manuela tippte ihrer Tochter auf die Schulter. „Paula, wenn wir jetzt bei Oma sind, nimmst du die Dinger aber aus den Ohren. Haben wir uns verstanden?" Der genervte Blick des Teenagers sagte mehr als tausend Worte. Die Botschaft war klar: „Die Dinger bleiben drin."

Es war Susanne, die ihnen öffnete. „Endlich! Mama ist schon ganz ungeduldig", begrüßte sie Stefan und Manuela. Dann drückte sie ihre Nichte. „Ihr seid fast eine Stunde zu spät."

„Stau", sagte Stefan achselzuckend. „Aber jetzt sind wir ja da."

„Gut, ich glaube, das wird ein spannender Abend. Mama hat im Wohnzimmer zwei dicke Aktenordner auf dem Tisch liegen, die ich noch nie gesehen habe. Also, wenn ihr mich fragt ..."

„Ich kriege das Klavier", rief Paula.

„Okay, dann denkt ihr das Gleiche wie ich", schmunzelte Susanne. „Wer weiß, was da drin ist: Aktien, Wertanleihen, Depots ... keine Ahnung, was alles auf uns wartet."

Wenig später hatte sich die Gesellschaft um den großen Esstisch versammelt: Stefan, Manuela und Paula saßen auf der linken Seite. Auf der rechten hatten Susanne, Peter und ihre beiden Kinder Platz genommen. Und am Kopfende saß – nein: thronte! – die Frau, die kurz vor ihrem achtzigsten Geburtstag das Familientreffen einberufen hatte: Dorothea Balthus.

Die Gastgeberin nippte an ihrem randvollen Sherryglas und sprach beinahe feierlich: „Schön, dass ihr den Weg hierhin gefunden habt, liebe Kinder. Ich weiß, wir hätten uns in zwei Wochen eh gesehen, aber es ist mir ein dringendes Anliegen, ein paar Dinge vorher zu regeln."

„Also, wenn es um das Haus geht, musst du dir keine Gedanken machen", ging Manuela scheinbar freundlich dazwischen. „Das wird bei uns in besten Händen sein."

„Wieso bei euch?", bellte Peter. „Es ist auch Susannes Elternhaus!"

„Peter, bitte!", raunte seine Frau.

„Hä?", rief Paula.

„Ich hab *Peter* gesagt, nicht Paula", schrie Susanne in Richtung ihrer Nichte, damit sie die Tante trotz der Ohrstöpsel hören konnte.

„Na ja, mein lieber Peter", zischte Manuela. „Ich denke nicht, dass ihr eure längst abbezahlte Nobelvilla in Bestlage verlassen werdet, um hier am Speckgürtel von Bonn ein Reihenhaus zu beziehen."

„Na und? Es geht auch um emotionale Werte", entgegnete ihr Schwager.

„Emotionale Werte? Das sagst ausgerechnet du?" Manuela lachte laut auf.

„Mir egal! Hauptsache, ich kriege das Kla..." Der heimliche Tritt des Vaters unter dem Tisch hielt Paula davon ab, ihren Satz zu beenden.

„Bitte, Kinder! Fangt nicht jetzt schon an zu streiten. Das ist ja fürchterlich", ermahnte Dorothea die Erwachsenen. „In diesen beiden Ordnern gibt es mehr als genug, was ich unter euch allen zu verteilen gedenke. Übrigens auch unter meinen lieben Enkelkindern. Darum war mir auch wichtig, dass ihr *alle* kommt."

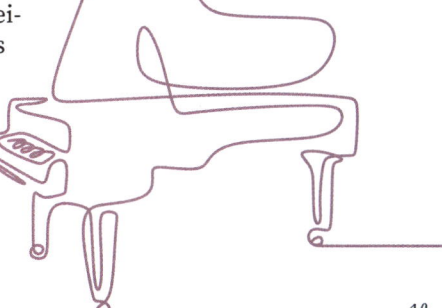

Jetzt horchte auch Lea auf, die mit ihren sechzehn Jahren bereits begriff, dass ihr Taschengeldkonto in absehbarer Zeit beträchtlichen Zuwachs erhalten könnte. Sie streichelte ihrer Oma den Arm. „Aber Oma, das ist doch selbstverständlich", säuselte sie, während der neunjährige Max keinen Anlass sah, die Lektüre seines Comics zu unterbrechen.

Die alte Dame schaute in die Runde. „Wie ihr wisst, werde ich bald achtzig Jahre alt – und ihr kennt mich. Ich möchte nicht, dass ihr nach meinem Tod …"

„Oma, du stirbst nicht", mischte sich jetzt der kleine Max ein.

„Richtig, wenn sie weiter so viel trinkt, verpufft sie", flüsterte Manuela sarkastisch. Paula lachte.

Dorothea Balthus' strenger Blick sorgte dafür, dass schnell wieder Ruhe im Raum war. „Wie gesagt, ich möchte nicht, dass ihr nach meinem Tod in einem Chaos von Unterlagen versinkt. Darum habe ich jetzt schon alles für euch geordnet. Und die wichtigsten Angelegenheiten möchte ich heute mit euch allen regeln."

Sechs Augenpaare schauten Dorothea erwartungsvoll an. Nur Max war wieder in seinen Comic vertieft. Dorothea schenkte sich nach, nahm einen tiefen Schluck und öffnete einen der Ordner. „Beginnen möchte ich mit dir, mein lieber Sohn. Denn du bist der Erstgeborene. Ich freue mich, dir nun ein Dokument mit Familiengeschichte überreichen zu dürfen, das es bereits gab, als euer Vater noch lebte."

Stefans Hände wurden feucht. Er hatte noch nie eine Immobilie besessen. Wie so eine Schenkungsurkunde wohl aussah? Paula zückte ihr Smartphone und filmte. Sie wollte den historischen Moment unbedingt auf Video festhalten. Dorothea zog ein Schriftstück aus einer Klarsichtfolie und überreichte es ihrem Sohn.

„Voll krass", raunte Paula. Stefan dankte, nahm den Zettel entgegen und stutzte. „Was zum Teufel … ist das?"

„Erkennst du es nicht mehr?", lachte seine Mutter. „Schau noch mal genau hin."

Da Stefan kein Wort herausbrachte, schaute seine Frau ihm über die Schulter und betrachtete das Blatt. „Das ist ein Gutschein", sagte sie tonlos.

„Richtig", erwiderte Dorothea. „Ein Gutschein, den dein Mann mir zum vierzigsten Geburtstag geschenkt hat. Damals war er neun."

Nun schaute auch Paula auf den Zettel. „Was ist *Raider*?", fragte sie neugierig.

„*Twix*", antwortete die drei Jahre ältere Lea. „In der Steinzeit hieß das mal *Raider*."

„Krass."

Die Großmutter der beiden fuhr fort: „Genau: ein Gutschein über drei *Raider*. Die habe ich damals geliebt. Nur leider hast du dieses Versprechen nie eingelöst, Stefan."

„Das ist vierzig Jahre her ... tut mir leid, Mama. Ich hab einfach nicht mehr dran gedacht ..."

„Aber Gutschein ist Gutschein. So etwas verjährt doch nicht, oder?", meinte seine Mutter verschmitzt.

Manuela ahnte, worauf ihre Schwiegermutter hinauswollte. Sie drückte ihrer Tochter einen Fünf-Euro-Schein in die Hand. „Paula, lauf zum Büdchen und hol drei *Twix*."

„Nein, *Raider*", beharrte Dorothea. „So steht es auf dem Gutschein!"

„Mama, Raider gibt's nicht mehr. Geht nicht doch *Twix*?", bettelte Stefan. Dorotheas schweigendes Nippen am Sherryglas war Antwort genug.

Stefan seufzte: „Ich versuch's im Internet – aber heute klappt das nicht mehr."

„Du hast ja noch Zeit bis zu meinem Geburtstag. Dann sollte das allerdings geregelt sein. Und jetzt bist du dran, liebe Susanne." Dorothea zog aus dem anderen Ordner einen Briefumschlag und überreichte ihn ihrer Tochter. Vorsichtig zog diese den Brief heraus und entfaltete ihn.

„Und?", fragte Peter besorgt.

Susanne wurde blass: „Ein Blockflöten-Vorspiel: *Fuchs, du hast die Gans gestohlen*. Weihnachten 1987."

„Bis heute nicht eingelöst", mahnte ihre Mutter streng.

„Du spielst Blockflöte, Mama?", fragte Max ungläubig.

„Nicht mehr", gab Susanne zu. „Das letzte Mal hab ich mit zwölf gespielt."

„So etwas verlernt man nicht. Ich freue mich darauf", sagte Dorothea trocken.

„Und darauf freue ich mich auch, mein lieber Schwiegersohn." Mit diesen Worten überreichte sie Peter einen Zettel aus demselben Ordner. Er musste ihn nicht lesen. Er erinnerte sich auch so: „Schonbezug mit Massagefunktion für dein Auto. Irgendwann von Mitte der Neunziger, stimmt's?"

„Stimmt. Und immer noch offen. Aber besser spät als nie."

„Aber du hast den *Sierra* doch schon lange nicht mehr. Willst du nicht lieber Geld?", bot Peter großzügig an.

„Um Gottes willen, das wäre viel zu unpersönlich! Es ist schließlich ein Geschenk zu meinem sechzigsten Geburtstag gewesen! Und du hast dir doch so liebe Gedanken gemacht, womit du mir eine echte Freude bereiten kannst! Komm schon, Peter, bei deinen Kontakten sollte es doch nicht so schwer sein, Zubehör für einen 1986er *Ford Sierra* zu bekommen."

Über das ratlose Gesicht von Peter amüsierte sich Dorothea offenbar prächtig. Manuela rollte schon mit den Augen. Sie ahnte, dass sie die Nächste war. Sie hatte nur keinen Schimmer, welchen der vielen Gutscheine, die sie im Laufe der Jahre ihrer Schwiegermutter geschenkt hatte, als erster auf den Tisch käme: der für das Blumen-Abo? Der für das Fotoalbum „Spanien '99"? Oder vielleicht sogar der für den selbst gestrickten Norweger-Pullover?

Manuela hatte Pech: Es war ausgerechnet der für einen gemeinsamen Bauchtanz-Kurs! Damals wäre das vielleicht lustig gewesen, aber das war Ewigkeiten her! Dorothea beobachtete sie schmunzelnd und schürzte etwas anzüglich die Lippen: „Dafür ist man doch nie zu alt ... beziehungsweise zu pummelig, oder, Schätzchen?"

Manuela betastete heimlich ihre Speckröllchen, schloss die Augen und atmete tief durch. Das hatte dieser Drachen doch mit voller Absicht so ausgesucht! Aber was sollte sie machen? „Ich schau mal, ob ich bis nächste Woche noch was organisieren kann", sagte sie kleinlaut. Natürlich hatte sie keine Lust, gemeinsam mit einer Seniorin zu orientalischen Klängen ihre mit den Jahren in die Breite gegangenen Hüften kreisen zu lassen, aber solange das mit dem Haus noch nicht in trockenen Tüchern war, wollte sie definitiv keinen Ärger heraufbeschwören.

Die Stimmung im Wohnzimmer der Familie Balthus wurde im Laufe des Abends nicht unbedingt besser. Zu groß war die Anzahl der Geschenkgutscheine, die sich während mehrerer Jahrzehnte angesammelt hatten, aber nie eingelöst worden waren. Zugegeben: Die Gutscheine der Enkelkinder waren noch nicht ganz so alt, aber auch sie warteten alle noch darauf, in die Tat umgesetzt zu werden: Weder Leas gemeinsamer Ausflug mit der Oma zu einem Indoor-Spielplatz hatte jemals stattgefunden (und jetzt war sie sechzehn! Voll peinlich!), noch war Max' Angebot, während der gesamten Sommerferien einmal am Tag mit Omas Hund rauszugehen, eingelöst worden (von Yorkshire Konrad existierte seit zwei Jahren nur noch ein gerahmtes Foto über dem Kamin). Und Paulas damals sicher lieb gemeintes Angebot, der Großmutter ein selbst verfasstes Hörspiel mit dem Titel „Paula und Oma machen Urlaub auf dem Bauernhof" auf Kassette aufzunehmen, würde heute allein daran scheitern, dass sie ihren bunten Rekorder bereits vor Jahren entsorgt hatte.

Den Eltern der Kinder ging es nicht besser: Stefan hatte bis heute weder die Garderobe angebracht noch den Birnbaum gepflanzt. Susanne war mit der Mutter nicht für ein verlängertes Wochenende in Brügge gewesen, und auch das versprochene Fahrrad war niemals geliefert worden.

Die einzige Person, die an jenem denkwürdigen Familienabend ihren Spaß hatte, war Dorothea. Und das lag nicht nur am Sherry, der langsam zur Neige ging. Vor ihnen auf dem Tisch lag ein großer Stapel liebevoll gestalteter, teilweise schon recht vergilbter Gutscheine zum Muttertag, zu Weihnachten und zum Geburtstag. Dorothea kicherte immer wieder, während ihre Kinder und Enkelkinder erschüttert darüber staunten, wie viele nicht eingelöste Versprechen über die Jahre zusammengekommen waren.

Susanne war überdies auch noch enttäuscht davon, dass sie als Kind und Jugendliche offensichtlich nicht besonders kreativ gewesen war: „Das kann doch nicht sein! Ich habe dir wirklich sechsmal hintereinander einen Muttertags-Gutschein für Frühstück ans Bett geschenkt?"

„Ja, und das ist Rekord. Von Stefan habe ich nur fünf Gutscheine für das

Ausräumen der Spülmaschine. Und von Lea fehlen nur drei selbst gemalte Bilder", bilanzierte die Neunundsiebzigjährige.

Spieleabende. Gartenarbeiten. Gemeinsam in die Oper. Selbst gestaltete Blumenampeln. Abendessen. Bootsausflüge. Zoobesuche. Schöne Geschenkideen, die nie in die Praxis umgesetzt wurden. Und die nicht zu leugnen waren. Schließlich hatte Dorothea Balthus alles schriftlich.

„Ich will nicht sagen, dass ich enttäuscht wäre", fasste sie spät am Abend ihren Eindruck vom Inhalt der beiden Ordner zusammen. „Aber ich habe es mal ausgerechnet: Wenn ihr allein die Gutscheine für *Zeit* alle einlösen wolltet, müsste ich über hundert werden."

„Um Gottes willen!", rutschte es Manuela etwas zu laut heraus.

Dorothea schüttete sich den letzten Rest des Sherrys ins Glas und lächelte in die Runde. „Aber vielleicht ist das ja auch zu viel erwartet. Es sind schließlich nur Gutscheine. Wahrscheinlich nennt man sie so, weil sie gut gemeint waren."

„Wenn du willst – und meine Freundinnen nichts davon erfahren –, gehe ich mit dir noch auf den Indoor-Spielplatz", bot Lea freundlich an.

„Danke, mein Schatz, ich glaube, die Zeiten sind vorbei. So ist das nun mal im Leben: Man erwartet jede Menge, aber vieles davon entpuppt sich irgendwann als Trugschluss: die lebenslange Liebe, das Einlösen von Versprechen, ein sicher geglaubtes Erbe ..."

„Oma, hast du eigentlich noch das Klavier?"

Auf dem Rückweg regnete es. Dafür war am Leverkusener Kreuz immerhin viel weniger Verkehr als auf der Hinfahrt. Paula schlief. Sie hatte ihr Ladekabel vergessen, sodass ihr Smartphone stumm blieb. Auch auf den Vordersitzen war es ruhig. Manuela starrte aus dem Fenster, Stefan konzentrierte sich auf die verschwommenen Rücklichter vor ihm auf der Fahrbahn und das Navigationsgerät meldete nur noch fünfzehn Kilometer bis Bochum.

Stefan durchbrach als Erster die Stille. „Ein eigenartiger Abend, oder, Schatz?"

„Irgendwie schon", sagte Manuela nachdenklich. „Man meint es gut und am Ende passiert viel zu wenig."

„Stimmt", antwortete Stefan: „Übrigens: Der Gutschein für den Gasgrill, den du mir zum fünften Hochzeitstag geschenkt hast, ist auch immer noch offen."

Susanne parkte den SUV noch vor Mitternacht auf der Kieseinfahrt. Dann weckte sie ihren Mann und ihre Tochter und trug den schlafenden Sohn ins Haus. „Ein komischer Abend, oder?", meinte Susanne, als sie eine halbe Stunde später ins Schlafzimmer kam und sich zu Peter ins Bett legte.

„Allerdings", gähnte Peter. „Sag mal, den Ehevertrag, den wir damals abgeschlossen haben ... weißt du eigentlich, wo wir den haben?"

Sie nahm ihn in den Arm und drückte ihm einen Kuss auf die Stirn. „Schatz, es ist nur Papier. Wofür brauchen wir einen Ehevertrag? Lieben werden wir uns immer. Versprochen."

Trotzdem durchsuchte Peter am nächsten Morgen vorsichtshalber vorm Haus die Altpapiertonne. Ihm war klar geworden, wie wichtig es sein kann, bestimmte Dinge schriftlich festzuhalten.

Zwei Wochen später wurde Dorothea Balthus achtzig Jahre alt. Ursprünglich sollte die Feier in ihrem Stammcafé stattfinden. Doch die Gäste blieben aus. Niemand kam. Zunächst war sie irritiert und traurig, aber die Enttäuschung war schnell verflogen, als die überraschte Jubilarin drei Stunden später gemeinsam mit ihren beiden Kindern, deren Partnern und den Enkelkindern die Maschine nach London bestieg. Ein paar gemeinsame Tage mit ihrer geliebten Familie, davon hatte sie schon immer geträumt.

# Stadt Land Frust

Verena saß auf der Bank vor dem Haus, schloss die Augen und horchte. Ein leichter Wind bewegte die Baumkronen, irgendwo in der Ferne wieherte ein Pferd und wenige Meter über ihr riefen ein paar Schwalbenküken nach dem Abendessen. Vermutlich ein Nest unter der Dachrinne, dachte sie.

Es war der erste Abend, den sie in ihrem neuen Zuhause verbrachten. Fernab von Großstadthektik und dem ewigen Lärm, dem sie jahrzehntelang ausgesetzt waren. Herrlich.

„Ist das nicht herrlich?" Rolf kam mit einem Tablett aus dem Haus und stellte den Rosé und die Oliven auf dem Gartentisch ab. Dann setzte er sich zu Verena auf die Bank und strich ihr übers Haar. Er strahlte. „Welcome home. Auf die beste Entscheidung, die wir je getroffen haben!" Er reichte ihr ein Glas, nahm sich das andere und stieß mit ihr an.

„Ja. Unglaublich, dass wir es endlich aufs Land geschafft haben", sagte sie und nippte.

Unter dem Carport warteten noch einige Umzugskartons darauf, ins Haus geschafft und ausgepackt zu werden. Aber das hatte noch bis morgen Zeit. Jetzt wollten sie erst einmal ankommen und das neue Leben genießen, das so wenig mit ihrem bisherigen zu tun hatte. Fast dreißig Jahre hatte Verena die Agentur geleitet. Als sie dort anfing, studierte sie noch. Schon ihr zweites Projekt, eine Kampagne für einen regionalen Limonaden-Hersteller, ging durch die Decke. Sie bekam sogar einen internationalen Preis dafür. Den ersten von vielen, die folgen sollten. Die kleine Plexiglas-Trophäe müsste noch irgendwo in einem der Kartons sein.

Kurz nach ihrem neunundzwanzigsten Geburtstag hatte sie den Laden bereits übernommen. Jetzt lagen die wichtigen Entscheidungen bei ihr. Und Verena machte vieles richtig. So war sie mit dem jungen, gut aussehenden Werbetexter, den sie bald einstellte, nun schon über ein Vierteljahrhundert verheiratet. Selbst die Konkurrenz musste neidlos anerkennen: Verena und Rolf waren ein unschlagbares Team. Beruflich wie privat.

Die Firma wuchs schneller, als sie erwarten konnten. Das alte Büro war schon bald zu klein und sie bezogen vier Etagen einer ehemaligen Farbenfabrik mitten im Kiez. Da, wo das Leben pulsierte. Volle Kneipen, belebte Plätze, offene Fenster, aus denen Klavier-Etüden und Kindergeschrei ertönten – das war ihr Leben, das zwar laut, aber auch wunderbar urban war. Einzig das Quietschen der nächtlichen Straßenbahnen war manchmal etwas nervig. Aber wegen all der Abgase, die von den Autos auf der stundenlangen Suche nach einem freien Parkplatz abgesondert wurden, schliefen sie eh bei geschlossenen Fenstern.

In den unteren beiden Stockwerken wurde gearbeitet, in den oberen beiden wohnten Verena und Rolf auf über dreihundert Quadratmetern. Davon knapp achtzig Quadratmeter Dachterrasse, die sie allerdings kaum nutzten. Sie waren schlicht und ergreifend zu selten zu Hause.

Andere Paare hätten sich in einem solchen Dauerstress aneinander aufgerieben. Nicht so Verena und Rolf. In den entscheidenden Fragen waren sie sich immer einig gewesen: Beide steckten ihre Energie mit der gleichen Überzeugung und Leidenschaft in ihre beruflichen Projekte. Beiden war klar, dass in ihrem turbulenten Leben kein Platz für eigene Kinder war. Und sie hatten sich gegenseitig versprochen: Spätestens mit sechzig ist Schluss. Dann ziehen wir aufs Land und dann wird die Freiheit genossen! Doch die Geschäfte waren in der letzten Zeit so gut gelaufen, dass sie diesen Zustand nun schon ein paar Jahre früher erreicht hatten, als ursprünglich geplant. Das gefiel sowohl ihr als auch ihm.

Im Gras der Wiese vor dem Haus hörte man die ersten Grillen zirpen. „Da haben wir wirklich ein paradiesisches Fleckchen Erde gefunden", schwärmte Rolf, als er sich und seiner Frau nachschenkte. „Und am Ende ging es dann doch schneller als gedacht."

Das über einhundertfünfzig Jahre alte Bauernhaus war zwar keine Ruine gewesen, aber bis alles so umgebaut war, wie die beiden neuen Besitzer es sich vorgestellt hatten, war einige Zeit vergangen. Allein das Verlegen der Fußbodenheizung unter den italienischen Terracotta-Fliesen war für den Bauleiter eine echte Herausforderung gewesen.

„Am meisten genieße ich diese Ruhe", sagte Verena, während sie einer besonders eifrigen Fledermaus bei ihrem Tiefflug nachschaute. „Überleg mal, wie laut es in der Stadt war. Die Straßen, die Lokale und immer wieder Feuerwehr ... von morgens bis abends Krach. Ein Wunder, dass wir das so lange ausgehalten haben."

„Ja, und falls es uns hier doch mal zu leise sein sollte, können wir ja immer noch in unser City-Apartment", schmunzelte Rolf und zündete sich eine Zigarette an. „Ich sage: falls. Ich glaube allerdings nicht, dass das jemals passieren wird."

Irgendwo bellte ein Hund. Das Loft in der Stadt hatten sie zwar verkauft, aber die kleine Einzimmerwohnung, die sie im gleichen Viertel gemietet hatten, stand ihnen jederzeit zur Verfügung. Falls sie doch mal unter Leute wollten. Oder ins Kino.

„Wenn alles gut geht und wir gesund bleiben, können wir noch zwanzig, dreißig Jahre hier sitzen, auf die Wiesen und Felder schauen und einfach gar nichts tun", schwärmte Verena und legte ihren Arm um Rolfs Schultern.

„Und atmen", ergänzte ihr Mann. „Einfach nur atmen! Die Luft ist wirklich der Hammer."

„Findest du?"

Als Nichtraucherin hatte Verena den feineren Geruchssinn. Darum konnte sie den Inhalt des Güllewagens, der seine Runden auf dem nahe liegenden Feld zog, etwas früher erschnuppern als ihr Mann.

Es war schon spät, als Verena und Rolf endlich nebeneinander in ihrem neuen Schlafzimmer auf dem breiten Bauernbett lagen und zur Zimmerdecke schauten. Der volle Mond leuchtete durch das Dachfenster und zeichnete ein Lichtquadrat auf die Leinenbettwäsche. „Das erste Mal, dass wir im eigenen Bett liegen und nicht auf Sichtbeton gucken, sondern auf Holzbalken", flüsterte Verena glücklich. „Ich hoffe, wir können überhaupt einschlafen bei der Ruhe."

Sie konnten. Schließlich war es ein langer und aufregender Tag gewesen. Wenige Minuten später waren beide erschöpft weggeschlummert.

Pünktlich um Mitternacht schreckte Rolf aus seinen Träumen auf. Die Glocke der Dorfkapelle, die keine hundert Meter von ihrem neuen Zuhause entfernt stand, schlug zwölfmal. „Nee, ne?", stöhnte er genervt.

Auch Verena öffnete die Augen: „Ach komm. Ist doch romantisch ... so ist das auf dem Dorf."

„Klar, romantisch. Ein, zwei Mal vielleicht. Aber das Gebimmel gibt's jetzt jede Nacht!", murmelte er.

„An neue Geräusche gewöhnt man sich schnell. Wetten, wir hören das in ein paar Tagen gar nicht mehr?", beruhigte Verena ihn.

„Eher in ein paar Jahren – dann habe ich ein Hörgerät und kann es einfach ausschalten", maulte Rolf. Doch er war so erschöpft, dass er trotz der störenden Unterbrechung sofort wieder einschlief. Auch Verena schlief gut, obwohl sie wegen der halbstündlichen Glockenschläge immer wieder kurz die Augen öffnete. Aber das war normal, wenn man frisch umgezogen war. Man musste sich erst mal an das neue Zuhause gewöhnen.

Kurz nach sechs wurde Rolf von einem lauten Knattern geweckt. Er sprang auf. „Schatz, hörst du das auch?" Aber Verena lag nicht mehr neben ihm, sie war wohl schon aufgestanden. Er schaute durch das Dachfenster auf die Dorfstraße. Ein großer Traktor zog einen Anhänger mit Heu in die Stallungen des benachbarten Bauernhofs. Zwei Mitarbeiter dirigierten das riesige Gespann mit lautem Rufen durch das Tor. Rolf zog sich ein T-Shirt an und schlurfte nach unten in die Küche. Verena kochte Kaffee.

„Sechs Uhr!", stöhnte Rolf! „Hat man als Bauer denn keine geregelten Arbeitszeiten?"

„Du meinst so wie wir beide früher? Als ich sonntagmorgens um vier zum Flughafen musste und du schon am Rechner saßt?", lachte Verena.

„Das ist etwas anderes", entgegnete Rolf. „Mit meinem Tippen habe ich keinen einzigen Nachbarn geweckt."

Verena lachte wieder: „Klar! In unserem Kiez schläft am Wochenende um vier Uhr morgens ohnehin noch niemand!"

Als sie fröstelnd, mit ihren dampfenden Kaffeetassen in den Händen vorm Haus saßen und auf die taubenetzte Wiese schauten, war Rolf bereits etwas versöhnlicher gestimmt: „Irgendwann müssen sie das Heu ja reinholen. Das wird sicher nicht jede Nacht so sein."

„Ganz sicher nicht", glaubte auch Verena. „Außerdem werde ich lieber von einem Traktor geweckt als von einem Porsche Cayenne mit runtergefahrenen Scheiben und *Rammstein* in Höchstlautstärke."

„Erinnere mich nicht daran", lachte Rolf und rollte übertrieben mit den Augen. „Nie wieder eine Wohnung direkt an der Ampel!"

Der Tag ging schnell herum. Es gab noch eine Menge zu tun. Verena und Rolf packten die restlichen Umzugskartons aus, spülten vorsichtig die in Zeitungspapier eingeschlagenen, über hundert Jahre alten Jugendstil-Weingläser und Verena sortierte die zahlreichen Kunstbände in das deckenhohe Regal neben dem Kachelofen ein. Rolf putzte die Fenster und hängte dann die nassen Lappen draußen auf der Wäschespinne in der Nachmittagssonne auf. Ein älterer Herr schaute neugierig über die brusthohe Buchsbaumhecke. „Hut ab! So haben die Fenster seit Jahren nicht mehr ausgesehen! Wolpers. Wir wohnen in der 14."

Rolf stellte sich ebenfalls vor und bot dem Nachbarn eine Tasse frischen Kaffee an. Der winkte ab. „Danke, jetzt nicht. Wenn's bei Ihnen so glänzt, muss ich natürlich nachziehen. Frei nach dem Motto *Unser Dorf soll schöner werden*." Herr Wolpers lachte und verschwand so plötzlich, wie er aufgetaucht war.

„Wer war das?", fragte Verena, als sie kurze Zeit später vor die Tür trat.

„Ein Nachbar. Wolpers oder so. Scheint ein ganz netter ..."

Plötzlich brach ein infernalischer Lärm aus. Verena und Rolf zuckten erschrocken zusammen. Es klang wie eine Mischung aus Auffahrunfall und Schlagzeug-Solo. Die frisch geputzten Scheiben ihres Hauses erzitterten und die beiden suchten Deckung unter ihrer Gartenbank. Dann trat mit einem Mal wieder Ruhe ein.

„Was war das?", flüsterte Rolf. Verena wollte gerade antworten, da brach der Lärm wieder los. Beide hielten sich die Ohren zu und Rolf nickte in Richtung der Hecke. Sie pirschten sich vorsichtig näher an die unbekannte Lärmquelle heran und schauten im Schutz der Buchsbäume auf das Nachbargrundstück. Natürlich sahen sie keinen Auffahrunfall. Und auch keinen Schlagzeuger beim Solo. Sie sahen Herrn Wolpers, der mit einem Hochdruckreiniger die Wellblechwand seines Gartenschuppens säuberte.

Der Nachbar erblickte die beiden kreidebleichen Städter und stellte das Gerät ab. „Muss man alle paar Wochen mal machen, sonst kriegt man den Grünspan nie wieder ab", rief er über die Hecke. „Ist ganz schön laut, oder? Ich bin aber gleich fertig."

Verena nickte dankbar, nur Rolf reagierte nicht. Er hatte kein Wort verstanden, da er sich immer noch die Ohren zuhielt.

Tatsächlich brauchte Herr Wolpers etwas über anderthalb Stunden, um dem Grünspan auf dem Wellblech den Garaus zu machen. Die Stille, die der ausgeschaltete Hochdruckreiniger hinterließ, war beinah beängstigend. Aber nur so lange, bis der Nachbar seinen Rasenmäher anschmiss und damit nicht nur das Gras, sondern auch die daraufgefallenen trockenen Äste mit erheblichem Krach schredderte. Die Motorsäge, die er kurz darauf anwarf, um aus einer frisch gefällten Rotbuche Meterstücke zu schneiden, klang in den Ohren der neuen Dorfbewohner schon fast wie Musik.

Es dämmerte bereits, als Herr Wolpers nach getaner Arbeit erneut über die Hecke winkte. „Feierabend", rief er fröhlich. „Sie machen sich das so schön in Ihrem neuen Zuhause, da muss ich natürlich nachlegen. Wir sind ja ein ordentliches Dorf. Und jetzt würde ich gern auf Ihr Angebot mit dem frischen Kaffee zurückkommen."

Als das elektrische Mahlwerk des Kaffeevollautomaten die Bohnen zerkleinerte, reichte es Rolf. „Mach sofort das Ding aus",

schrie er seine Frau mit hochrotem Kopf an.
„Ich kann keinen Krach mehr ertragen!"
Entweder bemerkte Herr Wolpers den Unterschied nicht oder aber er wollte einfach nur höflich sein, denn er lobte das Aroma des ihm gereichten Instant-Kaffees als „lecker cremig – wie beim Italiener".

„Wenn das jedes Mal zur Folge hat, dass unsere Nachbarn ihr gesamtes Anwesen sanieren, werde ich nie wieder Fenster putzen!", sagte Rolf und kroch zu seiner Frau ins Bett.
„Schön, dass du deinen Humor nicht ganz verloren hast, Schatz", erwiderte Verena sanft.

„Und jetzt, wo die Blechwand sauber, der Rasen gemäht und das Holz gesägt ist, ist das Schlimmste wahrscheinlich vorbei."
„Ich hoffe es." Rolf löschte das Licht und tastete nach seinem Wecker, aber der lag offenbar noch in einer der letzten verbliebenen Umzugskisten. „Und jetzt lass uns schlafen. Es ist sicher schon spät."
Rolfs Zeitgefühl wurde durch das elffache Schlagen der Kirchturmuhr umgehend bestätigt.

In dieser Nacht kalbten nebenan im Stall des Bauernhofs innerhalb weniger Stunden drei Kühe. Das zumindest hofften Verena und Rolf. Den Geräuschen nach hätte es auch der amerikanische Geheimdienst sein können, der ein paar Schläfer folterte. An Nachtruhe war danach nicht mehr zu denken.

Über das Schicksal von Günther wurde im Dorf noch wochenlang spekuliert. Unumstritten war, dass der Hahn, der nicht nur morgens, sondern den ganzen Tag ausdauernd krähte, plötzlich verschwunden war. Ein Fuchs konnte es nicht gewesen sein, sonst hätte der Überfall Spuren im Hühnerverschlag hinterlassen. Günther war jedenfalls eines Tages wie vom Erdboden verschluckt.

Am Abend kochte Rolf für seine Frau. Es gab Coq au vin. Zwei Tage später hatte der Bauer einen neuen Hahn besorgt. Der hieß Hans. Und krähte noch lauter als sein Vorgänger.

Kurz darauf erlebten Verena und Rolf, dass man Doppelgaragen nicht nur zum Unterstellen von Kraftfahrzeugen verwenden kann. Familie Frauenkron, die gegenüber von Herrn und Frau Wolpers – und damit auch gegenüber der beiden neu hinzugezogenen Dorfbewohner – lebte, stellte ihre zum Beispiel dem Trompetenchor des ortsansässigen Schützenvereins als Proberaum zur Verfügung. Zum Glück nur dienstagabends. Und natürlich nur unmittelbar vor den Auftritten. Zurzeit war Schützenfest-Saison. Leider.

„Herr Wolpers meint, irgendwann hört man das nicht mehr", versuchte Verena ihren Mann zu besänftigen.

„Das glaube ich", höhnte Rolf müde. „Spätestens dann, wenn der Wolpers um Mitternacht anfängt, seine Einfahrt zu kärchern!"

Die knatternden Quads hingegen, mit denen die Dorfjugend in den lauen Sommernächten bis weit nach Sonnenuntergang über die Felder und Wege donnerte, waren auch vielen alteingesessenen Bewohnern zu laut. Ob man die jungen Menschen allerdings mit in die Luft abgegebenen Schrotgewehr-Salven von ihrem lärmenden Hobby abhalten konnte, wie Herr Wolpers es versuchte, war fraglich – und machte die Sache in Verenas und Rolfs Augen, und vor allem Ohren, auch nicht besser.

In den folgenden Monaten versuchten die beiden Ex-Städter alles, um sich an die Zustände auf dem Land zu gewöhnen. Und es hätte sogar fast geklappt, wäre Herr Frauenkron nicht auf die Idee gekommen, seine Garagenauffahrt neu zu pflastern. Natürlich in Eigenleistung. Abends, nach Feierabend. Und Herrn Frauenkrons Garagenauffahrt war riesig.

Die über Wochen Abend für Abend kreischende Steinsäge nahm Verena und Rolf letztendlich die Entscheidung ab. Der Traum vom Leben auf dem Land bestand weiterhin, aber vielleicht reichte es auch, ihn zweimal im Monat am Wochenende zu genießen. So füllten sie einige Umzugskartons mit dem Allernötigsten. Die Jugendstil-Weingläser mussten sie nicht mehr einpacken. Die waren bei der Erschütterung, die dem Zusammenbruch von Herrn Wolpers Geräteschuppen folgte, aus dem Küchenschrank gefallen und zu Bruch gegangen.

Am ersten Abend, als sie wieder in der Stadt wohnten, saßen Verena und Rolf im ersten Stock direkt an der Hauptstraße am offenen Fenster und stießen mit einem Glas Rosé an. Es klingelte Sturm. Rolf beugte sich aus dem Fenster und sah den abgehetzten Paketboten. Sie hatten nichts bestellt. Also ließen sie ihn weiterklingeln.

Es war immer noch warm und draußen stand die Luft. Es roch nach Abgasen, und an der Ampel unmittelbar unter ihrem Fenster schienen sich zwei Autofahrer einen Wettkampf darin zu bieten, wer die stärkeren Subwoofer verbaut hatte. Vier Polizeiwagen donnerten mit lautem Martinshorn über Rot, während vor der Kneipe unten im Erdgeschoss eine Schlägerei im Gange war. Ob der lautstarke Ehestreit von den Nachbarn rechts oder links kam, konnten Verena und Rolf nicht mit Sicherheit sagen. Der grotesk brüllende Fernseher jedenfalls gehörte der alten Frau Schneider, die unmittelbar über ihnen wohnte und garantiert wieder auf der Fernbedienung eingeschlafen war. Die Ampel sprang auf Grün. Drei Harley-Fahrer knatterten los und übertönten damit sogar die Subwoofer.

Rolf strich Verena übers Haar und atmete tief durch.

„Was denkst du?", fragte sie ihn zärtlich.

Rolf schloss die Augen. „Herrlich, diese Ruhe."

# Keine Feier

## OHNE MEYER

*I*n seinen achtzehnten Geburtstag hatte Florian Meyer gemeinsam mit drei Mitschülern in einer stillgelegten Schokoladenfabrik reingefeiert. Gegen halb vier war das Ordnungsamt gekommen. Trotzdem gingen die letzten der gut 180 Gäste erst morgens um sieben. Auch von den Feiern zu seinen nächsten Geburtstagen wurde noch heute gesprochen. Viele der Abende waren dem Freundeskreis in lebhafter Erinnerung geblieben. Und nicht nur zu seinen Festtagen, auch sonst hatte er gern und ausgiebig Party gemacht, doch mittlerweile war Florian ruhiger geworden. Mit dem Fest zum Dreißigsten hatte er es noch mal richtig krachen lassen, doch in den Folgejahren hatte er es vorgezogen, seine Geburtstage mit gemütlichen Abendessen im Kreise seiner besten Freunde zu begehen. Zum Neununddreißigsten hatte es Bruschetti, Spargelrisotto und Tiramisu gegeben. Das Aufräumen der Küche hatte länger gedauert als das Essen selbst.

Das würde ihm heute nicht passieren. Denn er hatte beschlossen, seinen vierzigsten Geburtstag dieses Jahr nicht zu feiern. Keine Party, kein Essen, keine Geschenke. So hatte er es seinen Freunden und seiner Familie mitgeteilt.

„Aber Kaffee und Kuchen gibt es schon?", hatte Florians Vater gefragt, und seine Mutter meinte: „Und was ist mit dem Geschenk? Das habe ich schon seit Monaten im Schrank liegen!"

Auch die Freunde wollten es zunächst nicht hinnehmen, dass Florian seinen runden Geburtstag ausfallen lassen wollte: „Wir kommen trotzdem vorbei", versprach Mike, der schon damals in der Schokoladenfabrik mit dabei gewesen war. Doch Florian machte ihm unmissverständlich klar, dass er keine Überraschungen wünsche. „Alter, ich werde vierzig! Das ist nun wirklich kein Grund zum Feiern! Ich bin alt! Weißt du noch, was wir damals dachten? Mit vierzig ist das Leben vorbei, irgendwo zwischen Geheimratsecken und scheintot."

„Ja, so kann man sich täuschen. Guck dich an: Volles Haar, ein toller Job, und das mit Frau und Kindern kriegst du auch noch irgendwann hin", grinste Mike.

„Ja, aber nicht mehr in diesem Leben. Mir ist in diesem Jahr einfach nicht nach Feiern zumute. Das ist mir einfach zu viel. Tut mir den Gefallen und lasst mich an meinem Geburtstag einfach in Ruhe."

„Wie du meinst", sagte Mike und zuckte mit den Schultern. „Aber denk daran: So jung kommen wir nicht mehr zusammen."

Am Abend seines vierzigsten Geburtstags saß Florian allein auf dem Sofa und blätterte in dem Fotoalbum, das morgens in der Post gewesen war. Natürlich hatte seine Mutter dafür gesorgt, dass ihr Geschenk trotzdem pünktlich zum Geburtstag da war. Und Florian musste zugeben: Es war ein tolles Geschenk. Sein ganzes Leben, festgehalten in knapp zweihundert Fotografien. „Vierzig Jahre Flori" stand auf dem Albumdeckel. Er hatte nicht gewusst, dass seine Eltern all die Aufnahmen aufbewahrt hatten.

Florian mit zwei, in Gummistiefeln und gelber Regenjacke im Watt. Das musste auf Juist gewesen sein.

Seine Einschulung. Er wusste heute noch, wie aufgeregt er gewesen war. Und wie der Riemen des Schulranzens an seiner Schulter gescheuert hatte.

Das Vorspiel an der Musikschule hatte er in nicht so guter Erinnerung. Blockflöte und Blackout hatten sich als fatale Mischung erwiesen.

Papas Vierzigster. Damals kam er ihm vor wie ein Opa. Heute war Florian selbst so alt. Und fühlte sich erstaunlicherweise eigentlich ganz gut.

Herrlich: Er und Mike beim Zelten. Die erste Zigarette, die sie in diesem Urlaub heimlich geraucht hatten, war auf dem Foto natürlich nicht zu sehen.

Noch mal Mike und er. Abiturball. In den etwas zu großen Anzügen hatten sie sich irgendwie verkleidet gefühlt.

Das lachende Mädchen neben ihm auf dem Foto war Birgit. Für Florian war damals die Welt untergegangen, als sie ihn verließ. Ob sie noch zusammen wären, wenn es Dieter, das Arschloch, nicht gegeben hätte? Keine Ahnung, reine Spekulation.

Florian am Steuer seines ersten Autos.

Er und Silke.

Er und Marie.

Und wieder ein Foto mit Mike, diesmal aus dem Passbildautomaten. Ganz schön albern.

Silvester in Holland.

Mit Mama und Papa auf Sylt.

Was war das für ein Wohnzimmer? Keine Ahnung, wo das war. Vielleicht bei Tante Änni.

Das letzte Foto war erst ein Jahr alt. Wanderung im Harz. Selfie vom Männerwochenende. Nur Vater und Sohn. So etwas haben wir viel zu selten gemacht, dachte Florian.

So viele besondere Menschen, die sein Leben begleitet hatten. So viele schöne Momente. Und natürlich auch ein paar weniger schöne. Florian merkte, wie er melancholisch wurde. Er legte das Album zur Seite und goss sich ein Glas Wein ein. Eventuell war es vielleicht doch keine so gute Idee gewesen, den Geburtstag ganz allein zu verbringen. Gut, seine Eltern hatten natürlich schon früh am Morgen angerufen und in den Hörer gesungen. Auch Mike hatte telefonisch gratuliert. Seine Patentante hatte immerhin eine Karte geschickt, die Stevie Wonders *Happy Birthday* spielte, wenn man sie öffnete. Von allen anderen gab es die mittlerweile üblichen Text- und Sprachnachrichten, und natürlich die sozialen Netzwerke: „All the Best", „Lass dich feiern!", „Alles Gute, Alter!", „Lass es krachen!" ... Nein, dachte sich Florian, so lasse ich meinen Vierzigsten nicht zu Ende gehen!

Er wählte Mikes Festnetznummer. Silke ging dran. Mike war Joggen. Und danach musste er noch eine Präsentation vorbereiten. Das würde heute nichts mehr. Sorry.

Dann versuchte er, Carsten, Ben und Mehmet zu erreichen. Dreimal Mailbox.

Beate war zwar zu Hause, konnte aber nicht weg, da sie mit den Kindern allein war.

Rudi lag schon im Bett. Er musste am nächsten Morgen ganz früh nach Mailand.

Bei Bernd hatte er sich viele Jahre nicht mehr gemeldet. Offenbar hatte der mittlerweile eine neue Nummer.

Und Ruth wäre wirklich gern vorbeigekommen, musste aber noch ihre Erkältung auskurieren.

Nach dem zweiten Glas Riesling war Florian kurz davor, seine Eltern anzurufen und zu fragen, ob nicht zumindest sie noch vorbeikommen wollten. Doch dann nahm er Abstand von der Idee – so tief wollte er dann doch nicht sinken. Er schaltete den Fernseher ein und schaute sich eine Tierdokumentation an. So war das also, wenn man vierzig war.

Es war schon kurz nach zehn, als das Telefon klingelte. Mike war dran: „Du hast angerufen, Alter. Was ist los?"

„Weiß nicht. Irgendwie ist es komisch, an so einem Tag ganz allein zu sein ...", murmelte Florian kleinlaut.

„Okay. Auf ein, zwei Bierchen könnte ich noch. In zwanzig Minuten im *Wippenbekk*?

„Du bist der Beste! Bis gleich!"

Florian legte auf, machte sich im Bad schnell frisch und verließ dann gut gelaunt seine Wohnung. Dann also doch noch feiern – wenn auch nur für eine halbe Stunde und im ganz kleinen Kreis. Auf Mike war halt Verlass.

Schon von außen sah Florian durch die Kneipenfenster, dass der Laden rappelvoll war. Und das an einem Donnerstag. Hoffentlich würden sie überhaupt noch einen Platz an der Theke bekommen. Er öffnete die Tür und betrat das Lokal. Erst jetzt sah er all die Luftballons. Dann erblickte er Mike, der lachend auf ihn zukam: „Überraschung!" Das Geburtstagsständchen nahm er nur noch wie unter Wasser wahr.

Nicht nur Mike gratulierte. Das ganze Lokal war voll mit Freunden und Bekannten, die alle nur gekommen waren, um Florian zu feiern. Selbst seine Eltern waren da, aber die größte Überraschung war das Wiedersehen mit Birgit, die er vor fünfzehn Jahren das letzte Mal gesehen hatte, bei ihrer Hochzeit mit Dieter.

Florian war platt. Damit hätte er niemals gerechnet. Mike klopfte ihm auf die Schulter: „Auch mit vierzig ist man vor Überraschungen nicht sicher", lachte er. „Und jetzt, Alter, lassen wir es mal so richtig krachen. So wie früher!"

Gegen halb vier kam das Ordnungsamt. Doch die letzten Gäste gingen erst morgens um sieben.

DER

# Kindergeburtstag

Für Heike ist es die erste Ehe. Sie war erst sechsunddreißig, ich schon zweiundfünfzig, als wir heirateten. Aber an ihrer Seite fühlte ich mich wie vierzig. Zwei Jahre später kam Jonah. Er ist gestern sechs geworden. Seitdem fühle ich mich wie neunzig.

Sie müssen mir glauben: Ich liebe meine Frau wie am ersten Tag (also meine zweite Frau, nicht die erste), aber dass sie mich mit Jonahs Kindergeburtstag allein gelassen hat, werde ich ihr nicht so schnell verzeihen können. Das ist einfach zu viel für einen Mann meines Alters. Dabei habe ich nun wirklich Erfahrung mit Kindern. Meine beiden Großen sind längst erwachsen. Vor wenigen Monaten bin ich sogar zum ersten Mal Großvater geworden. Ich bitte Sie: Wenn jemand weiß, was Kinder brauchen, dann bin ich das.

Aber ich muss zugeben: Die Zeiten sind andere als damals. Meine Älteste hatte sich mit sechs noch ein Kasperletheater gewünscht. Jonah wollte ein Smartphone. Das hat er von uns natürlich nicht bekommen. Sondern von meiner Schwiegermutter. Ich war dagegen, aber Heike meinte, es wäre sicherer, wenn der Junge immer für uns erreichbar ist. Ganz ehrlich? Bei seinem aktuellen Bewegungsradius hätte es kein Handy sein müssen, da hätte ein Babyfon gereicht. Aber wer weiß? Vielleicht ändert sich das schneller, als man denkt. Die Kinder werden heutzutage ja wahnsinnig schnell groß. Jonah ist viel weiter als wir früher. Ganz ehrlich: In seinem Alter war ich erst vier!

Ich kann wirklich behaupten, dass Heike und ich gute Eltern sind. Wir entscheiden alles gemeinsam, wobei meine Frau oft die überzeugenderen Argumente hat. So habe ich es ihrer Hartnäckigkeit zu verdanken, dass ich meinen Sohn jetzt per SMS zum Essen rufen kann. Auch die täglichen Aufgaben, mit denen Eltern wie wir zu tun haben, teilen wir gerecht untereinander auf. Die Kindergeburtstage waren allerdings immer Heikes Revier. Ich muss sagen: Das hat sie einfach raus.

Doch in diesem Jahr war alles anders. Ausgerechnet an Jonahs Geburtstagswochenende musste meine Frau auf eine Fortbildung, ein zweitägiges Atem-Seminar („Wege zum Glück – Luft anhalten in der freien Natur." 780 Euro! Plus Bahnfahrt! Ich bitte Sie! Da bleibt einem spätestens bei der Kursgebühr die Luft weg!). Also kam ich zum ersten Mal seit Jahrzehnten in die Situation, einen Kindergeburtstag auszurichten. Heike war skeptisch, ob ich das schaffen würde, und begann, eine To-do-Liste zu schreiben, damit ich auch ja an alles denke. Sie schrieb und schrieb. Sie hörte gar nicht mehr auf. Erst dachte ich, sie notiert die kompletten Texte aller drei Teile von „Herr der Ringe" aus dem Gedächtnis, aber ein Blick über ihre Schulter zeigte mir: Es war wirklich eine To-do-Liste!

Nach der elften Seite gab sie auf: „Das ist zu viel", stöhnte sie. „Mach einfach, was du für richtig hältst, und wenn du Fragen hast, kannst du ja anrufen."

Hallo? Wir leben im 21. Jahrhundert! Ich bin ein moderner Vater. Selbstverständlich würde ich *nicht* anrufen. Abgesehen davon, dass Heike während ihres Seminars wahrscheinlich gar nicht immer erreichbar war. Vielleicht hielt sie ja ausgerechnet in dem Moment, in dem ihr Telefon klingelte, die Luft an. Ich beruhigte mich selbst, indem ich mir sagte: Es ist nur ein Kindergeburtstag – und kein G20-Gipfel! Mittlerweile weiß ich aus eigener Erfahrung: Meine ungute Vorahnung war begründet. Jonahs Party zu organisieren, ist ungleich komplizierter!

Bis heute gilt das eherne Gesetz: Für jedes Lebensjahr darf das Geburtstagskind einen Freund einladen, in Jonahs Fall also sechs (ich stehe nächstes Jahr übrigens vor einer echten Herausforderung. Wo soll ich zu meinem runden Geburtstag plötzlich sechzig Freunde herzaubern? Wenn Sie Zeit haben, kommen Sie gern vorbei – jeder Teilnehmer zählt). Ein paar Kinder einen Nachmittag lang zu beschäftigen und verköstigen, das kann ja nicht so schwer sein, dachte ich mir. Man muss nur sicherstellen, dass keiner der kleinen Gäste unter irgendeiner Unverträglichkeit leidet. Also nahm ich die Telefonliste der Kindergartengruppe von der Kühlschranktür, um die Eltern zu kontaktieren. Ich sprach mit den Erziehungsberechtigten von Matti (Laktose-Intoleranz), Leo (Nuss-Allergie), Paul (Veganer, mag keine Nudeln), Leni (zuckerfrei), Theo (keine Fruktose. Und auf keinen Fall Gluten!) und Mehmet (kein Schweinefleisch, muss um 16 Uhr weg, weil er noch zum Schwimmunterricht muss).

Wer mich kennt, der weiß: Ich bin total flexibel. Kein Problem. Dann würde ich eben umplanen: Limo geht nicht, Milch geht auch nicht, und außerdem kein Kuchen, keine Kekse, keine Würstchen ... das klang nach einem kalorienarmen Nachmittag. Aber irgendwas musste ich den Kids doch anbieten. Ernährungstechnisch ist Heike bei uns die Fachfrau. Aber ich wollte auf keinen Fall jetzt schon um Hilfe bitten. Nicht wegen der paar Snacks. Ich meine: Wie hätte ich denn da ausgesehen? Also entschied ich mich für die einzige unverfängliche Variante, die mir auf die Schnelle einfiel: Es gab Wasser aus der Leitung. Und Mikado-Stäbchen. Aber nicht die mit Keks und Schokolade, sondern ... Mikado-Stäbchen halt. Die aus Holz. Kennen Sie doch. Die, die früher immer in der Spielesammlung fehlten. Was für Biber gut ist, dachte ich, kann Kindern nicht schaden.

Um 15 Uhr sollte es losgehen. Noch dreißig Minuten ... und Jonah war jetzt schon ganz aufgeregt. Vor allem freute er sich auf die Geschenke seiner Spielkameraden. Denn das neue Smartphone war ihm schon nach zwei Stunden ins Klo gefallen und gab keinen Ton mehr von sich. Und das Geschenk, das er am Morgen von Heike und mir bekommen hatte, hatte nicht unbedingt ganz oben auf seiner Wunschliste gestanden. Einerseits war er enttäuscht, andererseits muss ich sagen: Eine Getreidemühle ist eben nachhaltiger als ein ferngesteuerter Dino. Das sieht Jonah vielleicht jetzt noch nicht so, aber spätestens in zwanzig Jahren wird er uns dankbar sein.

Eine halbe Stunde später waren wir komplett: Alle sechs kleinen Gäste waren pünktlich (bis auf Mehmet, der sogar schon um Viertel vor drei da war, aber noch mal zurück nach Hause musste, weil er seinen Fahrradhelm vergessen hatte), zehn weitere Minuten später hatte ich alle von ihren Helmen befreit (Sie glauben nicht, wie viele verschiedene Arten von Verschlüssen es bei Fahrradhelmen gibt! Bei Leni war ich kurz davor, den Schlüsseldienst zu rufen!), nur Mehmet behielt seinen auf, der musste ja schon fast wieder los.

Mit den Eltern hatte ich vereinbart, dass sie ihre Kinder gegen 18 Uhr wieder abholen. Eine Faustregel sagt: Bei einem Kindergeburtstag reichen drei Stunden. Mir persönlich hätten auch drei Minuten gereicht, aber ich wollte Jonah nicht enttäuschen. Er bekommt ja sonst nie Besuch. Die Eltern zogen jedenfalls wieder ab, bis auf Theos Mutter, Sabine. Sie hatte gebeten, dableiben zu dürfen, da Theo gerne etwas fremdelt. „Ich störe auch nicht", sagte sie noch. Gestört hat sie trotzdem. Andererseits konnte sie ja nicht wissen, dass bei uns in der Wohnung eigentlich nicht geraucht wird. Vor allem nicht während Kindergeburtstagen.

„Schön, dass ihr da seid!", rief ich den Kindern fröhlich zu und bat sie, nachdem alle gemeinsam Mehmet verabschiedet hatten, an den Tisch. „Bevor ihr die Geschenke überreicht, gibt's erst mal was zu futtern!" Ich will ehrlich sein: Die Mikado-Stäbchen kamen nicht so toll an.

Bis auf Matti, der immerhin probierte (die Verletzung am Zahnfleisch würde ich seiner Mutter als Spielunfall verkaufen), traute sich keiner, an den Holzstäbchen zu knabbern. Ich meine: Hallo? Was ist mit dieser Generation los? Ist das Undankbarkeit? Unsicherheit? „Was ich nicht kenne, ess ich nicht"? Das hätte es in meiner Kindheit nicht gegeben. Wir haben alles gegessen, was uns die Erwachsenen vorsetzten, egal ob es Kuchen war oder Gummibärchen!

Wie wir alle wissen, besteht ein Kindergeburtstag nicht nur aus Essen. Mindestens genauso wichtig ist die Bescherung. Die kleinen Gäste hatten zusammengelegt und ein gemeinsames Geschenk mitgebracht, das Jonah voller Vorfreude aufriss (dabei hatte Heike die anderen Eltern extra darum gebeten, die Geschenke unverpackt mitzubringen ... wegen der Umwelt). Immerhin hatten sie sich bei der Auswahl an unseren Vorschlag gehalten. Spielzeug hat Jonah nun wahrlich genug, was ihm noch fehlte, war ein Kirschkernkissen. Gut, dass er nicht in Freudentränen ausbrechen würde, hatte ich schon geahnt. Aber seine Gäste so hässlich zu beschimpfen ... ehrlich: Von uns hat er das nicht!

Nachdem Jonah sich endlich wieder beruhigt hatte, die anderen Kinder aufgehört hatten zu weinen und ich den Korkenzieher gefunden hatte, nach dem Theos Mutter gefragt hatte, fing der lustige Teil des Nachmittags an. Gut, dass ich vorher gegoogelt hatte. Ich weiß ja nicht, welcher Jahrgang *Sie* sind, aber ich erinnere mich an ganz andere Kindergeburtstage. Ich meine, die meisten Spiele von früher sind heute tabu: „Topfschlagen?" Ein absolutes No-Go, sagt das Internet. Ich habe ehrlich gesagt vorher nie darüber nachgedacht, aber das Argument leuchtet mir sofort ein: Hier wird Gewalt verherrlicht. Klar. Man schlägt heute nicht mehr. Seinen Hund nicht, erst recht nicht seine Kinder. Und noch nicht mal einen Topf.

Auch das bei meinen großen Töchtern damals so beliebte „Wurstschnappen" steht übrigens heute auf der Liste der ausgestorbenen Party-Spiele. Vollkommen zu Recht. Wer jemals gesehen hat, wie es auf einem Schlachthof zugeht, der isst nie wieder Fleisch! Ich persönlich esse zum Beispiel – wenn überhaupt – nur noch Frikadellen, wegen des Brötchenanteils. Ich habe mal bei einer Bäckereibesichtigung mitgemacht und weiß daher, dass zumindest die Brötchen nicht leiden mussten.

Oder kennen Sie noch „Blinde Kuh"? Ich meine nicht das verbreitete Schimpfwort für „Politesse", sondern das Spiel. Das gab es sogar schon zu meiner Kindheit. Ich konnte stundenlang „Blinde Kuh" spielen, ohne dass mir langweilig wurde. Am schönsten war es, wenn noch jemand mitspielte. Aber das ist ein anderes Thema. Wie gesagt: Freunde habe ich nicht so viele. Jedenfalls habe ich auf einer pädagogisch wertvollen Website gelesen, dass „Blinde Kuh" sogar aus zwei Gründen tabu ist: denn es ist behinderten- und gleichzeitig tierfeindlich. Man mag den Kopf darüber schütteln, aber wo das Internet recht hat, hat es recht.

Auch interessant: Selbst der Klassiker „Räuber und Gendarm" wird von politisch korrekten Eltern nicht ganz unkritisch gesehen. Denn es werden (so habe ich es jedenfalls gelesen) Kleinkriminelle klischeehaft dargestellt und bereits gejagt, bevor sie von ihrem Recht auf einen Anwalt ... es ist juristisch ein bisschen kompliziert. Wenn es Sie interessiert, können Sie es ja selber nachlesen.

Die einzige Aktivität, die selbst von den fortschrittlichsten Pädagogen – Entschuldigung: PädagogInnen – eine Unbedenklichkeitsbescheinigung erhalten hatte, war die gute alte Schatzsuche (sieht man von der einzelnen Kritik einer Landtagsabgeordneten der Grünen ab, die die materialistischen Aspekte einer Schatzsuche monierte). Also versprach ich den anwesenden Kindern, wer am längsten die Luft anhalten könne, bekomme einen Schokoriegel (sie wussten ja nichts von ihren eigenen Allergien), und nutzte die so gewonnene Viertelstunde, um die umliegenden Straßenzüge mit Kreidepfeilen, Zettelchen und anderen Hinweisen zu versehen. Den Schatz (Jonahs defektes Smartphone) versteckte ich in einem Altglascontainer.

Nachdem Paul wieder seine ursprüngliche Gesichtsfarbe angenommen hatte (die 12 Minuten und 28 Sekunden würden selbst dem erfahrensten Apnoe-Taucher Respekt abverlangen) und Theos Mutter versprochen hatte, die Brandlöcher auf unserem neuen Sofa ihrer Versicherung zu melden, zogen wir los. Doch leider war die Schatzsuche bereits nach wenigen Metern beendet, denn die kleine Leni ließ sich plötzlich auf den Asphalt fallen und weigerte sich weiterzugehen. Burn-out. Mit fünf. Bei Heike ging nur die Mailbox dran. Also rief ich Lenis Eltern an. Sie holten ihre Tochter sofort ab.

Am Ende habe ich mit den fünf verbliebenen Kids Fernsehen geguckt. Es war gar nicht so einfach, sich auf einen Film zu einigen. Die einen wollten *Peppa Wutz* nicht, den anderen war *Lassie* zu spannend, also habe am Ende ich entschieden. Geguckt haben wir dann den letzten Münster-*Tatort*. In der Mediathek. Den kannte ich nämlich noch nicht. Die Kids mussten versprechen, ihren Eltern nichts zu verraten. Und Theos Mama würde auch nichts sagen ... wie auch, sie war ja kurz vor Filmbeginn sturzbetrunken auf dem Sofa eingeschlafen. (Der schöne Bordeaux – ein Geschenk meiner Eltern!)

Um Ihren Kommentaren vorzugreifen: Natürlich haben Sie recht. Ich hatte nicht jedes Detail so kindgerecht wie möglich gestaltet, aber immerhin: Als Jonahs Gäste Punkt 18 Uhr abgeholt wurden, waren alle Kids rundum glücklich. Vielleicht war es aber auch einfach nur Erleichterung. Das liegt ja manchmal sehr nah beisammen. Die Eltern brachten ihre müden Kinder nach Hause,

Theo brachte seine müde Mutter nach Hause. Und Jonah hatte dann doch noch Spaß mit seinen Geschenken, als er feststellte, dass eine Getreidemühle nicht nur Getreide mahlen kann, sondern auch den Inhalt eines Kirschkernkissens.

Nachdem das Geburtstagskind endlich eingeschlafen war und ich das Gröbste aufgeräumt hatte, wollte ich mir zum Abschluss des Tages ein schönes Glas Wein gönnen. Aber als ich in den Kühlschrank schaute, sah ich voller Enttäuschung, dass Theos Mutter nichts übrig gelassen hatte. Auch die bisher ungeöffnete Flasche Grappa aus dem letzten Italienurlaub war leer. Und als ich den Glastisch von den am Nachmittag spontan entstandenen Filzstift-Schmierereien befreien wollte, musste ich sogar feststellen, dass sie noch nicht mal den Glasreiniger verschmäht hatte. Bei allen pädagogischen Bedenken, die sicherlich nicht unberechtigt sind, muss ich sagen: Chapeau! Die Frau verträgt was!

Ich gebe zu: Der Tag hatte mich echt geschafft. Kaum hatte ich mich erschöpft aufs Sofa fallen lassen, schlief ich auch schon ein. Ich wachte erst auf, als Heike zehn Minuten später anrief und fragte, wie es gelaufen war. Ich sagte: „Prima." Dann hörte ich, wie sie am anderen Ende der Leitung aufatmete. Die pure Erleichterung. Vermute ich jedenfalls. Vielleicht war es aber auch nur die Abschlussübung ihres Atemkurses.

# Martin

## GIBT GAS

Schon als junger Mann hatte Martin von einem echten Motorrad geträumt. Er war damals gerade einundzwanzig Jahre alt, hatte einen Führerschein Klasse 1 und auch sonst alles, was man für eine Zukunft als echter Biker brauchte: eine schwarze und gut gepolsterte Lederjacke, seinen schicken, schneeweißen Mofahelm, eine selbst zusammengestellte Musikkassette mit dem passenden Soundtrack (inklusive dem unvermeidbaren *Born to Be Wild* von Steppenwolf und *Midnight Rider* von den Allman Brothers; Lynyrd Skynyrds *Sweet Home Alabama* sollte er ein Jahr später hinzufügen) – und die genaue Vorstellung davon, wie seine erste richtige Maschine aussehen sollte: viel Chrom, noch mehr PS und ein Tank mit auflackiertem Tigerkopf!

Über Chrom und PS würde er notfalls mit sich reden lassen. Die Tanklackierung aber musste sein, schließlich nannten ihn seine Freunde seit Jahren nur noch den „Tiger" – nicht, weil er gefährlich aussah und laut brüllen konnte, sondern wegen seiner Leidenschaft für gestreifte Hemden. Das Einzige, das Martin fehlte, um endlich mit seiner Traummaschine auf die Piste gehen zu können, war Geld. Es musste ja keine Harley sein, aber auch die Anschaffung eines weniger exklusiven Motorrads würde das Budget eines jungen Twens bei Weitem sprengen – selbst wenn er sein altes Mofa in Zahlung gab.

Martin rechnete und rechnete. Das war zu erwarten: Die Harley war einfach nicht drin. Sogar gebraucht war sie zu teuer – ganz zu schweigen von den Extrakosten für die Tigerkopf-Lackierung.

Also schraubte er seine Ansprüche herunter. Rechnete. Schraubte die Ansprüche noch mal herunter. Rechnete ein weiteres Mal.

Schraubte. Rechnete. Und schraubte. Und rechnete. Letztlich liebäugelte er mit einer Yamaha TX 750. Die kostete zwar nur ein knappes Drittel seiner Traum-Harley, aber immer noch schlappe 5995 Mark. Ein letzter Blick ins Sparbuch gab Martin traurige Gewissheit: Ihm fehlten exakt 5214 Mark und 61 Pfennige. Die gut 780 Mark brauchte er für die Haftpflichtversicherung seiner Kreidler Florett. Also behielt er das Mofa. Vorerst.

Die Ausbildungszeit ging ihm leicht von der Hand. Der Meister war freundlich, ihm lag das Arbeiten mit Holz und die Atmosphäre unter den Kollegen war gut. Martin ging gern in die Schreinerwerkstatt. Jeden Monat legte er 30 Mark von seinem Lehrlingsgehalt zur Seite. Jeden Monat wurde der Weg zum eigenen Motorrad um genau 30 Mark kürzer. In knapp sechzehn Jahren, so hatte er es sich ausgerechnet, würde er das Geld zusammenhaben. Träume können warten. Denn wenn ein junger Mensch eins im Überfluss hat, dann ist es Zeit.

Wenige Wochen später traf er Tanja von der Lohnbuchhaltung. Sie war genau sein Typ: frech, klug und lustig. Er lud sie ins Kino ein. *Der Clou*, Popcorn, Händchenhalten. Drei Monate später kamen die beiden frisch verliebt und braun gebrannt aus ihrem ersten gemeinsamen Urlaub von der Costa del Sol zurück. Und der Weg zum eigenen Motorrad war wieder um 450 Mark länger geworden. Aber Martins Augenmerk richtete sich eh nicht mehr nur auf zwei Räder mit Chromlenker, sondern vor allem auf zwei wunderschöne bernsteinfarbene Augen und ein Leben an Tanjas Seite. Knapp zwei Jahre später heirateten sie. Sie ganz in Weiß. Und „der Tiger" im schwarzen Cut mit grauer Hose. Natürlich gestreift.

Wiederum zehn Monate später kam der kleine Sebastian zur Welt: 3850 Gramm Glück, verteilt auf zweiundfünfzig propere Zentimeter. Spätestens jetzt wusste Martin: Sein nächstes Fahrzeug würde keinen Tiger auf dem Tank haben, sondern einen Gepäckträger auf dem Dach. Und einen großen Kofferraum. Der gebrauchte Volvo Kombi war ein echtes Schnäppchen und sollte der jungen Familie viele Jahre treue Dienste erweisen.

Martin war erst Mitte dreißig, als er die Schreinerei von seinem Meister übernahm. Davon hatte er lange geträumt: sein eigener Herr zu sein. Selbstständig. Unabhängig wie ein Tiger. Beziehungsweise unabhängig wie ein mittlerweile zweifacher Familienvater, der sich neben dem eigenen Betrieb zusätzlich um Kinder, Ehefrau und die Abzahlung eines Reihenhauses mit Garten kümmern musste.

Aber das Leben meinte es gut mit ihm. Martin hatte einfach Glück: Der Laden lief, er liebte seine Frau von Herzen, Sebastian und die kleine Julia entwickelten sich prächtig. Sie fuhren immer noch (jetzt aber zu viert) jedes Jahr an die Costa del Sol, der Volvo passierte etliche Male ohne Murren den nächsten TÜV-Termin und in seiner raren Freizeit schraubte Martin hin und wieder an seiner alten Kreidler herum. Er hatte das kleine Mofa über all die Jahre aufbewahrt und gut gepflegt. Vielleicht teilten Sohn oder Tochter eines Tages seine Liebe zu motorisierten Zweirädern? Und so eine Florett war immerhin schon mal ein guter Anfang. Aufrüsten konnte man später ja immer noch.

Aber Tanja machte sich nichts aus Motorrädern. Sie wünschte sich stattdessen ein Pferd. Martin erfüllte ihr eines Tages diesen Wunsch, auch wenn ihm ein Zebra lieber gewesen wäre (wegen der Streifen). Und auch Sebastian interessierte sich weniger fürs Biken als vielmehr fürs Trommeln. Also wanderte das Mofa in den Gartenschuppen, um in der Garage Platz für das neue Schlagzeug zu schaffen. Gut für Sebastian, schlecht für die Nachbarn. Die hätten sicherlich lieber das gelegentliche Knattern eines aufgebohrten Auspuffs gehört als den Lärm, der nun täglich von nebenan hinüberschallte. Aber die Leidenschaft des eigenen Kindes ging vor. Die Nachbarn wurden nicht gefragt. Nicht vom „Tiger"!

Zum vierzigsten Geburtstag bekam Martin von seiner Frau ein Fahrrad geschenkt, oder wie sie es nannte: seine „Fitness-Harley". Edel-Hersteller. Karbon. Nabendynamo. Mattlack. Das Rad hatte sicher mehr gekostet als damals seine fabrikneue Kreidler. Ein tolles Rad – nur schade, dass der stabile, aber dünne Rahmen keine Fläche für eine spätere Tigerkopf-Lackierung bot. Na ja. Als er seiner Tanja dankend um den Hals fiel, rollten bei ihm trotzdem ein paar Tränen. Sie hielt sie für Freudentränen.

Martin wusste: Er kam nun in ein Alter, in dem er etwas für seine Gesundheit tun sollte. Also unternahm er an den Wochenenden ausgedehnte Fahrradtouren ins Umland. Und nur wenn er sich vollkommen unbeobachtet fühlte, klemmte er heimlich einen Eisstiel zwischen die Speichen und genoss das knatternde Geräusch, das so entstand. Ein Hauch von Harley, bei gleichzeitigem Muskelkater in den Waden. Das war es wohl, was man eine klassische Win-win-Situation nannte.

Er war noch nicht einmal fünfzig, als für Martin ein neuer Lebensabschnitt begann: Auch Tochter Julia hatte nun zwei Jahre nach ihrem Bruder (sein jahrelanges Üben hatte Erfolg gehabt und er tourte jetzt als Profi-Drummer mit einer Lynyrd-Skynyrd-Cover-Band durch die Republik) ihre Koffer gepackt und war ausgezogen. Warum sie ausgerechnet in Paris studieren musste, hatte Martin nicht ganz verstanden. Die Lebenshaltungskosten in Chemnitz oder Göttingen waren schließlich deutlich niedriger. Aber wenn jemand Verständnis dafür hatte, dass junge Menschen ihre Träume ausleben wollen, dann war es Martin. Also unterstützte er seine Tochter großzügig, was kein Problem für ihn war. Schließlich hatte er jahrzehntelang jeden Monat 30 Mark zur Seite gelegt.

Ein paar Jahre später hätte es beinahe geklappt. Im Netz fand Martin seine Traummaschine: eine Harley Davidson Fat Boy S, 92 PS, wenig Kilometer, viel Chrom. Gebraucht, aber im Topzustand. Und mit ausreichend Platz auf dem Tank für eine schöne Sonderlackierung, dachte er freudig. Die gewünschte Barzahlung war kein Problem für Martin. Sein Sparbuch gab das wieder her. Wenn nicht ausgerechnet an jenem Tag der Volvo nach fast dreißig Jahren den Geist aufgegeben hätte. Kolbenfresser. Nichts zu machen. Ersatz musste her. Denn Tanja meinte, ohne Auto ginge es nicht. Zwei Tage später stand statt der gebrauchten Harley ein nagelneues Saab Cabriolet vor der Garage. Ohne Kinder braucht man keinen Kombi, sagte Tanja. Und sie hatte schon ewig von einem Cabrio geträumt. Seit mindestens einem Jahr. Schön für sie, dass das endlich geklappt hat, dachte Martin. Wäre es nach ihm gegangen, hätten es statt vier auch zwei Räder getan.

Von nun an machten die beiden jeden Sommer ausgedehnte Touren mit dem neuen Cabrio. Was für ein herrliches Gefühl, sich den Fahrtwind um die Nase blasen zu lassen und mit zerzaustem Haar durch die Landschaft zu brausen! Dabei war nur Tanjas Haar zerzaust. Denn Martin bestieg das Cabriolet stets mit seinem weißen Mofahelm auf dem Kopf. Wenn er schon ohne Dach auf der Landstraße unterwegs war, dann wollte er zumindest gekleidet sein wie ein Biker.

Am Abend seines sechzigsten Geburtstags feierte Martin im kleinen Kreis. Julias mittlerweile achtjährige Zwillinge hatten Scharlach und Sebastian spielte mit seiner Band auf einem Festival in Dänemark. Nur seine Frau war bei ihm. Und natürlich die Nachtschwester. Der Chirurg hatte gemeint, die Prostata-Operation dulde keinen Aufschub. So war es das größte Geschenk für ihn, überhaupt seinen Sechzigsten feiern zu können. Er freute sich aber auch über die anderen Präsente: Von Tanja bekam er einen Helium-Luftballon in Form eines Tigerkopfes, einen gestreiften Schlafanzug und einen Gutschein für einen Töpfer-Kurs für Senioren. Nachtschwester Tina überraschte ihn zum runden Geburtstag mit zwei Extrascheiben Salami zum üblichen Graubrot und Naturjoghurt.

Schon nach sieben Tagen war Martin wieder zu Hause. Die Diagnose war ein Schock für ihn gewesen, aber jetzt, wo alles wieder gut war, nahm er sich vor, das Leben umso mehr zu genießen. Er dachte sogar kurz daran, seine alte Kreidler zu reaktivieren und wie früher um die Häuser zu cruisen, aber der Arzt hatte gemeint, er sollte sich vorerst nicht zu sehr anstrengen und hartes Sitzen vermeiden. So parkte das alte Mofa weiterhin im Gartenhaus. Martin dachte: Wer weiß? Vielleicht hätten die Enkeltöchter ja irgendwann Interesse an einem echten 80er-Jahre-Vintage-Moped?

Als Martin auf die siebzig zuging, wurde ihm bewusst, dass es langsam Zeit für den Ruhestand wurde. Er verkaufte die Schreinerei und plante mit seiner Frau den gemeinsamen Lebensabend. So kamen sie zu ihrem kleinen, alten Bruchsteinhaus im Hinterland von San José, nur wenige Kilometer entfernt von dem Strand, an dem sie seit über vierzig Jahren ihre Sommerurlaube verbracht hatten. Für beide erfüllte sich ein Traum: Er hatte sich immer schon als halber Spanier gefühlt, und sie freute sich darauf, den Saab häufiger als in Deutschland offen fahren zu können.

Die täglichen Spaziergänge am Meer taten Tanja und Martin gut. Die einheimischen Dorfbewohner waren ausgesprochen gesellig, und so fanden die beiden Rentner schnell Anschluss in der Nachbarschaft. Und natürlich hatten sie auch häufig Besuch aus Deutschland. Ob das am guten Wetter lag, an der herrlichen Lage oder auch an Martins neu erworbenen Fähigkeiten an der Paella-Pfanne, konnten die beiden nicht genau sagen. Jedenfalls freuten sie sich darüber, dass Julia mit den Enkeln im Schlepptau in den Schulferien die Eltern besuchte. Auch Sebastian sahen sie nun häufiger als in ihrer Zeit in Deutschland. Dafür mussten sie allerdings jedes Jahr die gut dreihundert Kilometer nach Malaga auf sich nehmen, da dort das Musikfestival stattfand, bei dem Sebastian mit seiner Band zur Stammbesetzung gehörte. Aber was sind schon dreihundert Kilometer, wenn man sie bei neunundzwanzig Grad Außentemperatur im offenen Cabrio zurücklegt?

Wenn Martin und seine Frau nach Sonnenuntergang vor ihrem Haus bei einem Glas Rioja den Fledermäusen bei der Nahrungssuche zuschauten, dann wussten sie tief in ihrem Innern: Sie hatten alles richtig gemacht, die Tanja und „der Tiger", auch wenn die einzigen Streifen an ihm mittlerweile auf seinen Füßen zu finden waren – dort, wo die Riemen der Sandalen das Sonnenlicht nicht durchgelassen hatten.

Es war ein schwülwarmer Samstagabend, an dem Martin mit seinen Freunden aus dem Dorf und den Gästen aus der Heimat in seinen siebzigsten Geburtstag hineinfeierte. Der Dorfplatz vor der kleinen weißen Kapelle war mit Fähnchen und Lichterketten geschmückt, die kleineren Kinder spielten ein paar Meter weiter in der Dämmerung Fußball und die größeren hockten am Springbrunnen zusammen und lachten mit vorgehaltener Hand. Es duftete nach gutem Essen und Sebastian musizierte mit zwei einheimischen Gitarristen. Die alten Frauen aus dem Dorf sangen und klapperten dazu mit großen Muschelschalen, die sie wie Kastagnetten benutzten. Zwischendurch nieselte es ein wenig, aber das war Martin egal. Er fühlte sich wundervoll, viel besser als damals vor zehn Jahren, als er zu seinem Sechzigsten im Krankenhaus mit Kamillentee anstoßen musste.

Punkt Mitternacht begann die Glocke im Kapellenturm zwölfmal zu schlagen und die fröhliche Gesellschaft stimmte gemeinsam *Cumpleaños feliz* auf Martin an. Doch kaum war der zwölfte Glockenschlag verklungen, nahmen Martin und seine Gäste ein anderes, merkwürdiges Geräusch aus der Ferne wahr: eine Mischung aus Brummen, Grollen und Knattern, die immer näher kam. Nun schauten alle Gäste erwartungsvoll auf das Geburtstagskind – bis auf Tanja, deren Lippen ein wissendes Lächeln umspielte.

Sekunden später bog Ruben, der Dorfmechaniker, um die Ecke – auf einer gut erhaltenen Harley Davidson Fat Boy S, chromglänzend und mit einer roten Schleife am Lenker.

Er hielt unmittelbar vor Martin, stellte den Motor ab und grinste. Das „Happy Birthday, Tiger", das Tanja ihm ins Ohr hauchte, hörte Martin wie durch einen warmen Wasserfall, so sehr rauschte ihm das Blut durch den Kopf. Da war sie endlich – die Maschine, von der er fast fünfzig Jahre lang geträumt hatte! Nach einigen Sekunden in Schockstarre umarmte er seine Frau, und diesmal waren die Tränen tatsächlich Tränen der Freude. Die Gesellschaft lachte und klatschte so laut, dass die Zikaden für einen Moment verstummten.

Martin ging langsam und ehrfurchtsvoll um sein Geschenk herum und strich zärtlich über den Lack. Das Motorrad war genau so, wie er es sich immer vorgestellt hatte: viel Chrom, 92 PS, und auf dem Tank prangte, mit Airbrush von talentierter Künstlerhand aufgebracht, der Kopf eines ... Leoparden? An ihrem Spanisch musste Tanja wohl noch arbeiten. Wenn man „Gato grande" bestellt, bekommt zwar eine Raubkatze, aber nicht unbedingt einen Tiger. Aber das trübte Martins Freude nicht. Dann würde er in Zukunft halt gepunktete Hemden tragen.

Unter den jubelnden Rufen der Freunde und Nachbarn reichte Julia ihrem Vater von der Seite seinen alten Mofa-Helm. Als er versuchte, ihn aufzusetzen, verhakte sich der Kinngurt sowohl in seiner Brille als auch in seinem Hörgerät. Aber in Spanien nahm man es eh nicht so genau mit der Helmpflicht. Die alte Lederjacke, die Sebastian ihm zuwarf, passte zwar noch, aber schließen konnte er sie nicht mehr. Zu viel Rioja oder zu viel Tortilla in den letzten Jahren? Wer wollte das beurteilen? Und da Tanja zwar die Kassette mit den Biker-Liedern gefunden hatte, aber niemand im Dorf mehr einen Kassettenrekorder besaß, spielte die Flamenco-Gruppe stattdessen eine wunderschöne iberische Instrumentalversion von *Sweet Home Alabama* – Martin konnte also endlich loslegen.

Er nahm auf dem breiten Ledersattel Platz, umfasste mit den Händen die Griffe des chromblitzenden Lenkers, atmete tief durch und schloss die Augen. Das war der Moment, auf den er so lange gewartet hatte. Er drehte den Zündschlüssel, trat den Starthebel, und der Motor schnurrte und brüllte wie ein Tiger – oder vielmehr wie ein aufgeregter Leopard. Die Maschine rollte an und zwei Sekunden später hörte man plötzlich einen lauten Knacks. Jetzt brüllte Martin lauter als die Harley!

Martins siebzigster Geburtstag endete dort, wo der sechzigste begonnen hatte: im Krankenhaus. Der junge Arzt in der Notfallambulanz hatte in Deutschland studiert. Darum konnte er Martin in dessen Muttersprache erklären, dass dieser sich einen schweren Vorfall an der Bandscheibe zugezogen hatte. Martin wiederum erklärte dem jungen Mediziner, wer Schuld an den schlimmen Schmerzen hatte: seine Harley Davidson Fat Boy S.

Tolle Maschine, meinte der Arzt, von so einer träume er seit Jahren. Allerdings könne Martin die Maschine in den nächsten Jahren sicher nicht mehr fahren, nicht mit diesem Rücken.

Trotz der schlechten Nachricht lächelte Martin. Als er zwei Tage später entlassen wurde, drückte er dem verdutzten Mediziner Schlüssel und Papiere der Harley in die Hand und wünschte ihm allzeit gute Fahrt. Dann ließ er sich von Tanja im Saab zurück nach Hause fahren.

Martin war zufrieden. Er hatte seinen Traum gelebt und seine eigene Harley besessen. Wenn auch nur für wenige Meter. Die Maschine war jetzt in guten – und vor allem jüngeren – Händen. Er freute sich, dass der jetzige Besitzer nicht so lange auf sein Wunschgefährt hatte warten müssen wie er. Und falls das mit der Bandscheibe irgendwann wieder besser würde, hatte er ja immer noch seine alte Kreidler, die hinterm Haus unter einer Plane auf ihn wartete.

Als er abends mit Tanja vor ihrem Haus noch mal auf seinen Geburtstag anstieß, spürte er endlich, dass ihm nichts mehr fehlte. Aber in seinem zweiten Leben, dachte Martin, würde er das „Mach ich später" früher tun.

# SPÄTER
## Besuch

*I*ch liebte Sommerabende wie diesen. Die Luft war mild und angenehm, das Restlicht des Tages tauchte den Garten in tiefes Blau, der Boden war noch warm und ein paar Fledermäuse schwirrten auf der Jagd nach ihrem Abendessen in atemberaubendem Tempo über unsere Köpfe. Ich war richtig glücklich. Außerdem war es mein Geburtstag, und wieder einmal war ich dankbar dafür, ein Sommerkind zu sein und – anders als Beate, die jedes Jahr im ungemütlichen November feiern musste – meine Geburtstagspartys meistens unter freiem Himmel abhalten zu können.

Ich nahm einen Schluck Bier aus der Flasche und wendete das letzte noch verbliebene Würstchen auf dem Rost. Beate kam aus dem Wohnzimmer über die Terrasse. Sie hatte sich eine Strickjacke übergeworfen und schlang trotzdem fröstelnd die Arme um ihren Oberkörper. „Na, für einen Geburtstags-Brunch ist es dann doch noch ziemlich spät geworden", lachte sie. „Deine Gäste hatten enormes Sitzfleisch. Gut, dass wir noch die Würstchen im Kühlschrank hatten, sonst wäre spätestens am Nachmittag Schicht im Schacht gewesen."

Sie schaute mir über die Schulter. „Das letzte krieg ich!", sagte sie und ließ sich am Gartentisch auf einen der weißen Korbstühle fallen. Ich nahm das Würstchen vom Grill und legte es auf ihren Teller. Sie nahm sich ein Radler aus dem Kasten, öffnete es und stieß mit mir an. „Noch mal alles Gute zum Fünfundvierzigsten, Schatz."

Sie schob sich das Endstück der Krakauer zwischen die Zähne und fuhr mit vollem Mund fort: „Mut, maff Mamfed um Misla affgesmhm." Und sie hatte recht. Hätten Manfred und Gisela nicht abgesagt, hätte das Essen kaum gereicht. So hatten wir nur zu acht gefeiert: drei Kolleginnen aus der Uni, mein Squash-Partner, mein Bruder und seine Frau, Beate und ich. Mit Mitte vierzig reicht das auch, finde ich. Man ist ja keine dreißig mehr (damals wären Manfred und Gisela übrigens nie auf die Idee gekommen abzusagen – allein schon wegen der legendären Tanz-Sessions bis früh in den Morgen!).

Ich betrachtete meine Geschenke, die Beate auf der Kiste mit den Liegestuhlauflagen drapiert hatte. Sie waren allesamt ... ich möchte es mal so formulieren ... meinem Lebensalter angemessen: eine signierte Erstausgabe von Adornos *Jargon der Eigentlichkeit* (keine Ahnung, wo die Kolleginnen die herhatten, sie muss ein Vermögen gekostet haben), eine Kiste mit (sicher sündhaft teurem) Bordeaux, *The Köln Concert* von Keith Jarrett auf Vinyl und ein dunkelbrauner Bowler aus Wollfilz. „In deinem Alter bist du endlich so weit, Hut zu tragen", hatte mein Bruder gesagt. Und er hatte dabei nicht gelacht.

„Ich glaube, es ist Zeit fürs Bett", sagte ich gähnend zu Beate und wollte mich gerade auf den Weg ins Bad machen, als es an der Haustür klingelte. Ich warf einen Blick auf meine Armbanduhr: kurz nach zehn. Beate schaute mich fragend an: „Erwartest du noch jemanden?"

Ich verneinte und ging zur Tür, um zu sehen, wer so spät noch klingelte. Vielleicht hatten es sich Manfred und Gisela doch noch anders überlegt.

Als ich öffnete, stand vor mir ein fremder Mann. Er war Anfang siebzig, braun gebrannt und wirkte etwas ungepflegt. Sein Kinn zierte ein schlohweißer Sechstagebart und bis auf ein paar daunenartige Haarbüschel an den Schläfen war er vollständig kahl. Er trug ein grässlich buntes Hawaiihemd, das bis zum Bauchnabel offen stand, sowie eine olivgrüne Dreiviertelhose. Die Füße waren nackt, mehrere Zehen waren mit Pflastern versehen. Auf dem Rücken trug er einen großen, roten Trekking-Rucksack, dessen Farbe sich unangenehm mit dem pinken Grundton des Seidenhemdes biss. Er wirkte wie jemand, dem man niemals einen Gebrauchtwagen abkaufen würde. Wer mochte das sein? Ich spielte die Möglichkeiten durch: ein ehemaliger Strafgefangener, der mir ein Zeitungsabo aufschwatzen wollte? Ein militanter Veganer, der – vom Grillgeruch angelockt – Rache für das Schwein nehmen wollte, dessen Rest vor wenigen Sekunden von Beate hinuntergeschluckt worden war? Ein Zeuge Jehovas, gefangen im Körper eines Späthippies? Ich beschloss, mir nicht weiter das Hirn zu zermartern und den eigenartigen Fremden einfach zu fragen: „Guten Abend. Was kann ich für Sie tun?"

Der Fremde lächelte schief, wobei in seiner oberen Zahnreihe zwei Goldzähne zum Vorschein kamen. Er räusperte sich und sagte mit tiefer, sonorer Stimme: „Hoho!"

„Bitte?"

„Sie haben mich richtig verstanden! Ich sagte: Hoho!"

Akustisch hatte ich den merkwürdigen Besucher natürlich verstanden, aber ich verstand nicht, was er von mir wollte. Also hakte ich lachend nach: „Hoho was? Hoho Ho Chi Minh? Ho-ho-hoffen Sie auch auf einen langen Sommer? Ho-ho-holen Sie Ihren Hund aus meinem Garten?"

Seltsamerweise fand der alte Mann meine Fragen gar nicht zum Lachen. Beate kam durch die Diele, um zu sehen, mit wem ich sprach. Sie sah den komischen Kauz und meinte verdutzt: „Vom Squash kennst du den sicher nicht. Wer ist das?"

Der merkwürdige Gast streckte ihr seine Hand entgegen und schüttelte die meiner Frau. „Guten Abend, ich bin der Weihnachtsmann!"

Beate erschrak und zog schnell ihre Hand zurück. Sie ging einen Schritt nach hinten und zischte mir zu: „Christian, tu was!"

Ich versuchte, Fassung zu bewahren, obwohl auch ich ein bisschen Angst hatte: Ein alter, offensichtlich geistig verwirrter Tramper, der sich für den Weihnachtsmann hielt, stand auf unserem Fußabtreter – das erlebte man nicht alle Tage. Doch bevor ich etwas sagen konnte, ergriff der ungebetene Gast das Wort: „Von drauß' vom Walde komm ich her, ich muss euch sagen, es weihnachtet sehr. Allüberall auf den Tannenspitzen sah ich goldene Lichtlein blitzen ..."

Ich unterbrach ihn unwirsch: „Stopp! Wollen Sie uns auf den Arm nehmen? Es ist Ende Juli! Hochsommer! Das Einzige, was um die Zeit drauß' vom Walde herkommt, sind Nordic Walker! Außerdem hat heute nicht das Christkind Geburtstag, sondern ich!"

„Oh, dann gratuliere ich Ihnen von …"

„Zu spät – die Party ist zu Ende!", giftete Beate unfreundlich. „Und wie sehen Sie überhaupt aus?"

Der alte Mann schüttelte traurig den Kopf. „Sie glauben mir nicht, dass ich der Weihnachtsmann bin?"

„Natürlich nicht!", sagten meine Frau und ich gleichzeitig.

„Okay, ich habe verstanden", flüsterte er leise und wandte sich zum Gehen. Beate unterstützte ihn darin, indem sie ihm überflüssigerweise hinterherrief: „Verlassen Sie unser Grundstück!"

Er schlurfte langsam Richtung Gartentor, Beate lehnte sich erleichtert an meine Schulter, und ich wollte gerade die Tür schließen, als ich dem eigenartigen Störenfried einen letzten Blick hinterherwarf und aus seinem Rucksack ein buntes Paket herausschauen sah. Aus dem rechteckigen Päckchen ragte ein langer, schlanker Stab aus Metall, der entfernt an eine Antenne erinnerte, die … ich hielt die Luft an. Das konnte nicht sein! Unmöglich! War das etwa das Geschenk, das ich mir tief in meinem Inneren viel sehnlicher gewünscht hatte als Philosophie-Klassiker, Jazzplatten und Wein?

Ich hatte niemandem davon erzählt, denn eigentlich war es mir ein bisschen unangenehm. Ich war mir bewusst, dass es überhaupt nicht zu einem Universitätsdozenten meines Alters passte. Aber im vergangenen Jahr war ich auf der Suche nach einem Weihnachtsgeschenk für Beate im Netz zufällig auf die Seite eines Spielzeugherstellers gestoßen. Na ja, ganz zufällig war es nicht.

Ich hatte statt der von ihr gewünschten „Yogamatte aus Schurwolle" etwas anderes in die Suchmaschine eingegeben, nämlich „ferngesteuertes Auto". Ein Kindheitstraum, der nie in Erfüllung gegangen war. Ich verguckte mich auf der Stelle in einen funkgelenkten Monster-Jeep, hatte die kurz aufflammende Idee, mich selbst damit zu beschenken, jedoch sofort wieder verworfen. Ich war ja erwachsen.

Schließlich hatte ich (Beates Wunschzettel gemäß) die Yogamatte und einen Wellness-Gutschein bestellt und war im Gegenzug von ihr wie erwartet mit einem Designer-Käsehobel und einem Buch mit Grillrezepten bedacht worden. Den Monster-Jeep hatte ich nie erwähnt, und ich hatte ihn eigentlich auch schon längst vergessen, bis ich diese Antenne aus dem Rucksack herauslugen sah, die (zumindest theoretisch) zur Fernsteuerung meines heimlichen Traumautos gehören konnte.

Ich fasste mir ein Herz und rief dem schwindenden Gast hinterher: „Entschuldigen Sie, aber was schaut denn da aus Ihrem Rucksack raus?"

Er drehte sich um: „Ach nichts, das ist nur die Fernsteuerung eines ganz gewöhnlichen Monster-Jeeps, der ..."

Fünf Minuten später saßen wir drei auf der Terrasse bei einem kalten Pils zusammen. Ich strahlte wie ein Kind, während ich den Joystick hin und her bewegte und meinen nagelneuen Monster-Jeep wie von Geisterhand zwischen unseren Füßen über die Terrakottafliesen brausen ließ. Der Weihnachtsmann lächelte mich an: „Und? Zufrieden?"

Ich nickte verlegen: „Ja, sehr! Und entschuldige bitte, dass wir dir zuerst nicht geglaubt haben, lieber Weihnachtsmann!"

„Schwamm drüber, das passiert mir öfter", winkte er jovial ab. „Ihr könnt mich übrigens ruhig Weihni nennen. Das machen alle meine Freunde so."

Auch Beate hatte ihre Skepsis gegenüber dem hohen Besuch längst abgelegt. Zwischendurch hatte ich sogar das Gefühl, dass sie ein bisschen mit ihm schäkerte. Als sie mit drei Espressi aus der Küche zurückkam, setzte sie sich auf seinen Schoß und fragte ihn vertraulich: „Jetzt mal unter uns, Weihni – warum bist du mitten im Sommer unterwegs? Und warum in dem Aufzug?"

Der Weihnachtsmann nippte an seiner Tasse und rülpste leise. „Ihr glaubt doch nicht im Ernst, dass ich im Hochsommer mit Fellmantel, Stiefeln, Mütze und langem Bart rumlaufe – die Leute würden mich doch für bekloppt halten!"

Ich kannte den Blick, mit dem Beate ihn verstohlen musterte, und gab ihr im Stillen recht: Man könnte auch so denken, dass er sie nicht mehr alle hatte!

Der Weihnachtsmann fuhr fort: „Und ich war Heiligabend hier! Ich habe geklingelt, habe gerufen, habe geklopft – aber es hat keiner aufgemacht!"

„Wir waren bei meiner Mutter", entgegnete ich entschuldigend.

„Ja, und ihr seid leider nicht die Einzigen, die das so machen! Aber das bedeutet für mich, ich besorge den ganzen Kram, ich lade stundenlang den Schlitten voll ..."

Beate hielt ihm mit fragendem Blick ein Glas mit Obstler hin, das er freundlich nickend annahm. Dann fuhr er fort: „... und wenn ich dann Weihnachten meine Runde mache, ist keine Sau da und ich muss die Hälfte wieder mitnehmen. Also muss ich gucken, dass ich das Zeug übers Jahr verteilt nachliefere – sonst knubbelt sich das an Weihnachten so." Das klang alles so weit logisch. Doch der Blick meiner Gattin verriet Verwunderung. Sie fragte: „Und warum bist du bisher nie zu uns gekommen?"

„Weil ihr eure Wünsche ja immer sofort laut hinausposaunt! Ich bin aber nur für die heimlichen Wünsche da! Socken, Parfüm und den ganzen Kram schenkt ihr euch ja jedes Jahr selber!"

Da verstanden wir, warum wir den Weihnachtsmann bisher nie zu Gesicht bekommen hatten. Umso schöner, dass wir uns nun kennenlernten. Denn der Weihnachtsmann ist, unter uns gesagt, ein richtig netter Kerl. Beate fand im Tiefkühlfach noch eine Packung marinierte Schweineschnitzel, ich fachte den Grill noch einmal an und es wurde ein wunderschöner Abend. Es war halb drei, als sich der Weihnachtsmann schließlich verabschiedete und aufbrach.

Arm in Arm standen wir in der Tür und schauten ihm nach, bis er leicht schwankend hinter dem Gartentor verschwunden war. Ich betrachtete Beate von der Seite und fragte sie: „Und, Schatz? Weißt du schon, was du dir dieses Jahr zu Weihnachten wünschst?"

Sie nickte und wollte etwas sagen, doch ich legte ihr schnell den Finger auf die Lippen. „Nicht verraten", flüsterte ich. „Ich verspreche dir, dieses Jahr bleiben wir Heiligabend zu Hause!"

Natürlich hielt ich mein Versprechen. Meine Mutter besuchten wir dann am ersten Weihnachtstag, und zwar zu dritt: Beate, ich und Weihni.

# Klara
## ALLEIN ZU HAUS

Einundneunzig. Das konnte man ohne Übertreibung „ein stolzes Alter" nennen. Wobei Klara Mertens das Gefühl hatte, dass außer ihr niemand so recht stolz auf sie war. Zumindest hatte sich heute, zu ihrem Geburtstag, kein Besuch angekündigt. Immerhin hatte ihre Freundin Hildegard telefonisch gratuliert. Allerdings bereits gestern. Die wird auch immer vergesslicher, dachte Klara und versuchte sich zu erinnern, wo sie ihre Kaffeetasse abgestellt hatte. Sie fand sie eine Viertelstunde später im Bad auf dem Spülkasten.

Klara ging in die Küche und goss sich eine weitere Tasse ein. Letztes Jahr hatte das noch anders ausgesehen. Da gab es noch eine richtige Feier. Es war ja auch der Neunzigste, also ein runder Geburtstag. Selbst Sebastian, ihr ältester Sohn, der seit über zwanzig Jahren in Schweden lebte, war mit seiner Frau Svenja, den beiden gemeinsamen Kindern und seinem Enkelkind, also ihrem Urenkel, aus Stockholm angereist. Und auch ihre anderen beiden Kinder, Roman und Hanna, waren mit ihren Familien zur Feier erschienen. Genau wie Horst, Inge und Elisabeth, die einzigen drei alten Wegbegleiter, die ebenfalls bereits die Neunzig überschritten hatten und trotzdem noch mobil genug waren, um die Treppen zu Klaras Etagenwohnung im dritten Stock zu überwinden. Insgesamt hatte sie fast zwanzig Gäste verköstigt. Der Kuchen hatte gerade so gereicht. Was für ein schönes Fest, erinnerte sich Klara. Die Enkelkinder hatten gemeinsam für die Oma musiziert, es war viel gelacht worden, und als die letzten Gäste aufbrachen, leuchteten bereits die Straßenlaternen.

Klara zog kurz in Erwägung, den Fernseher anzuschalten, entschied sich dann aber dagegen. Dafür war es noch zu früh. Andererseits war es ihr – vor allem für einen Geburtstag – viel zu still in ihrer Dreizimmerwohnung. Sie bedauerte, dass keins ihrer Kinder in der Nähe war, weil sie ausgerechnet in der Woche ihres Geburtstags gemeinsam Urlaub in der Toskana machen mussten. Sonst wären sicherlich zumindest die beiden jüngeren vorbeigekommen. Einerseits war es ja schön, dachte Klara, dass die Söhne und die Tochter so viel Familiensinn hatten, um mit zwölf Personen aus drei Generationen gemeinsam Zeit zu verbringen. Andererseits hätte es vielleicht auch noch ein Zimmer für eine vierte – nämlich Klaras – Generation gegeben. Aber auch wenn es niemand aussprach: Die Kinder trauten ihr offenbar nicht zu, in ihrem Alter noch durch toskanische Olivenhaine zu spazieren. Eigentlich eine Frechheit, überlegte sie. Ich bin zwar schon Anfang neunzig, aber meine Hüfte ist erst Mitte zwanzig!

Roman hatte ihr vor einiger Zeit erzählt, dass sie die Reise gerne zu einem anderen Zeitpunkt unternommen hätten – aber sie hatten trotz aller Bemühungen keinen anderen Termin gefunden, an dem alle konnten. „Versuch mal, einen freien Slot für drei Paare und insgesamt sechs Kinder zu finden", hatte er gesagt. Das konnte sich Klara lebhaft vorstellen. Babyturnen, Logopäde, Kindergarten ... allein ihr Urenkel, der kleine Malte, hatte mit seinen drei Jahren mehr wöchentliche Termine als ein durchschnittlicher Topmanager.

Einundneunzig Jahre. Eine Ewigkeit. Heute war sie allein. Bei ihrer Geburt waren sie immerhin zu dritt gewesen: sie, Mama und die Hebamme. Während der Hausgeburt hatte ihr Vater im Erdgeschoss im elterlichen Lebensmittelgeschäft hinter der Kasse gestanden und die Kunden bedient. Damals war es noch nicht üblich, dass die Väter bei der Geburt dabei waren. Und auch andere Dinge waren noch nicht üblich, dachte Klara. Zum Beispiel, eine alte Frau an ihrem Geburtstag mutterseelenallein zu lassen. Sie suchte ihre Brille, um das Kreuzworträtsel in der Fernsehzeitung fertig zu machen. Als sie das Etui endlich gefunden hatte, konnte sie die Zeitung nicht entdecken. Ach ja, es war ja Mittwoch, morgen kam die neue Ausgabe. Vermutlich hatte sie die Illustrierte bereits mit dem Altpapier entsorgt. Klara schaute aus dem Fenster und dachte darüber nach, wie sie früher gefeiert hatte.

Das erste Fest, an das sie sich erinnern konnte, hatte zu ihrem fünften Geburtstag stattgefunden. Die Verwandten waren da, auch ein paar Kinder aus der Nachbarschaft, und Tante Bärbel hatte ihr ein selbst gestricktes Jäckchen geschenkt, rosa mit aufgestickten Blumen. Mama hatte für Klara einen Mandelkuchen gebacken, dessen Duft das ganze Haus erfüllt und dessen Geschmack sie nie vergessen hatte. Auch wenn sie heute kaum noch etwas schmeckte, wie Klara wieder einmal feststellen musste, als sie am Kaffee nippte und sich nicht sicher war, ob sie Zucker reingetan hatte oder nicht.

Zum einundzwanzigsten Geburtstag hatten die Eltern mit ihr einen Ausflug ins Sauerland unternommen. In einem Gartenlokal gab es für sie Waffeln mit heißen Kirschen.

Klara hatte es genossen. Endlich mal raus aus der Stadt, die auch Jahre nach Kriegsende immer noch Spuren der Verwüstung zeigte.

Richtig ausgelassen hatte Klara erstmals gefeiert, als sie dreißig wurde. Ihre Eltern hatten ihr den Partykeller zur Verfügung gestellt und sie hatte mit ihren Gästen zur Musik von Freddy Quinn, der Everly Brothers und der Beatles bis früh in den Morgen getanzt. Wenn Wände sprechen könnten, schmunzelte Klara in sich hinein, hätte sich so mancher gewundert, wie ausdauernd sie damals feiern konnte – auf der Tanzfläche, aber auch an der Bar. Sie staunte heute noch darüber, dass sie diese brisante Mischung aus Rock 'n' Roll, Käseigel und Erdbeerbowle ohne gesundheitliche Folgen überstanden hatte. Wobei die Geburtstage, die sie einige Jahre später für ihre drei Kinder ausgerichtet hatte, ernährungstechnisch auch nicht besser waren: Dinkelkekse, Sojamilch und Maiswaffeln gab es damals noch nicht, und viele der Süßigkeiten hatten zu jener Zeit so viel Chemie enthalten, dass sie streng genommen eine eigene Gruppe im Periodensystem verdient hätten.

Sie schaute auf ihre Uhr. Es war bereits fast Mittag. Und die Kinder hatten immer noch nicht angerufen. Wer weiß, ob sie den Geburtstag der Mutter überhaupt auf dem Schirm hatten, während sie bei dreißig Grad im Schatten in Florenz vor irgendeiner Espressobar saßen und Amarettini futterten. Erst jetzt sah sie, dass das Lämpchen ihres Anrufbeantworters blinkte. Sie hörte ihn ab: Sebastian, Roman und Hanna sangen dreistimmig die italienische Version von *Happy Birthday*: *Tanti auguri a te.* Neben dem Lämpchen blinkte die Uhrzeit des eingegangenen Anrufs: Neun Uhr zweiundvierzig. Sie musste ihn überhört haben, als sie im Badezimmer war. Im Stillen schämte sie sich ein wenig, so schlecht über ihren Nachwuchs gedacht zu haben.

Dennoch: Klara fühlte sich einsam. Nicht nur die Familie fehlte ihr, auch die Freunde hatten in diesem Jahr nicht mehr den Weg zu ihr gefunden: Elisabeth fuhr nicht mehr gern Auto, Horst musste sich von einer Augenoperation erholen, und Hildegard – wie gesagt: Sie war in letzter Zeit genauso vergesslich geworden wie ihr Mann damals ... wie hieß er noch? Klara konnte sich nicht mehr an seinen Namen erinnern.

An den eigenen Freunden merkt man, dass man selbst alt geworden ist, dachte sie traurig. Selbst eine halbe Stunde Autofahrt fühlt sich in unserem Alter an wie eine Weltreise. Andererseits: Es gibt ja auch Taxis ... Klara war sich sicher: Sie hätte keinen ihrer Freunde so im Stich gelassen! Nur Inges Fehlen konnte sie entschuldigen, denn die hatte einen triftigen Grund für ihr Fernbleiben: Sie war vor fünf Monaten verstorben.

Es war bereits Nachmittag, als sich Klara vor dem laufenden Fernseher einen Piccolo aufmachte, um auf sich selbst anzustoßen. Auch wenn der Ton stumm geschaltet war, konnte sie der Geschichte im Fernsehen ohne Probleme folgen. Offenbar bestaunte ein Herr mit Nickelbrille und Zwirbelbart gerade eine Jugendstil-Vase. So ist das also mit einundneunzig, dachte Klara. Man setzt sich ohne Ton vors Nachmittagsprogramm und die einzigen Kontakte zur Außenwelt sind die Fernbedienung und der Notfallknopf des Pflegedienstes am Handgelenk.

Das Armband mit dem roten Funkknopf trug sie erst seit zwei Monaten. Roman und Hanna hatten darauf bestanden, dass sie Unterstützung durch einen Pflegedienst erhielt. Dabei konnte sich Klara doch noch bestens selbst versorgen. Nur das mit dem Haarewaschen klappte nicht mehr so gut. Wenn die Gelenke noch so beweglich wären wie der Kopf, dann würde sie auch das noch hinbekommen. So besuchte sie seitdem jeweils montags und donnerstags ein Mitarbeiter des Pflegedienstes, um ihr dabei zu helfen. Einerseits völlig unnötig, fand Klara, andererseits war es auch schön zu wissen, dass überhaupt noch jemand vorbeischaute.

Doch heute war weder Montag noch Donnerstag. Heute war Mittwoch. Damit wurde die Wahrscheinlichkeit, dass es an der Tür klingelte, mit jeder Minute geringer. Klara ging an den Kühlschrank. Im Tiefkühlfach hatte sie eine Fertig-Sahnetorte deponiert, die sie vor Kurzem für den Fall der Fälle besorgt hatte. Sie wusste, dass ihr Arzt die Hände über dem Kopf zusammenschlagen würde, wenn sie auch nur ein Stück davon aß. Fast konnte sie seinen besorgten und gleichzeitig vorwurfsvollen Ausruf hören: „Frau Mertens! Denken Sie an Ihre Zuckerwerte!"

„Das ist jetzt auch egal", sagte sie leise zu sich. „Es ist mein Geburtstag, vielleicht ist es der letzte, also gibt's Torte. Basta!" Eine halbe Stunde später waren von der Torte nur noch wenige Krümel übrig. Ihr wurde ein wenig schlecht. Sie ließ sich vorsichtig in ihren Sessel fallen und genehmigte sich den Rest des Piccolos. Auch das hätte dem Hausarzt nicht gefallen.

In der Zentrale des Pflegedienstes bahnte sich der Schichtwechsel an. Carlo Peirera hatte gleich Feierabend und wurde soeben von seiner Kollegin Melanie Hain abgelöst. Er warf noch einen Blick auf den Einsatzplan für den nächsten Tag. Er war am Morgen um halb acht bei Frau Mertens eingeteilt, zum Haarewaschen. Prima, mit der kam er gut klar. Frau Mertens war freundlich und unkompliziert. Sein Blick fiel auf das Geburtsdatum seiner Patientin. Das war ja heute! „Hey, guckt mal: Frau Mertens hat heute Geburtstag. Ich glaube, ich springe auf dem Heimweg noch kurz bei ihr rein – sie wird sich freuen."

Kollegin Britta reckte den Daumen hoch. „Gute Idee. Sie hatte mir vorgestern erzählt, dass ihre Kinder dieses Jahr keine Zeit für sie haben ... und so ganz ohne Besuch ... das wünscht man keinem. Grüß sie von uns!"

„Mach ich! Bis morgen dann."

Carlo Peirera machte sich gut gelaunt auf den Weg. Erst noch kurz bei der Mertens vorbei und abends dann Champions League mit seinen Kumpels. Viertelfinal-Rückspiel. Sein Verein hatte Großes vor.

Eine halbe Stunde später blinkte es im Computer. Dazu erklang der etwas zu schrille Alarmton aus dem Lautsprecher des Rechners. Britta schaute auf den Bildschirm und wunderte sich. „Das ist Frau Mertens", sagte sie zu Melanie, die ihr gegenübersaß. „Die hat den Notfallknopf doch noch nie gedrückt."

„Irgendwann ist immer das erste Mal", sagte Melanie lakonisch, nahm den Schlüssel zu Klaras Wohnung vom Bord und schlüpfte in ihre Jacke. „Ich schau mal, was da los ist."

„Na ja, lange kann sie noch nicht in Not sein. Carlo muss ja bis vor ein paar Minuten noch da gewesen sein."

„Vielleicht ist er ja doch direkt nach Hause gegangen ... immerhin hat er Feierabend und heute Abend ist Fußball."

Kaum war Melanie durch die Tür, griff Britta zum Telefon und wählte Frau Mertens' Nummer. Niemand ging dran. Dann versuchte sie, Carlo zu erreichen. Bei ihm sprang sofort die Mailbox an.

Fünfzehn Minuten später ertönte erneut der Alarm. Jetzt verstand Britta die Welt nicht mehr. Es war wieder Frau Mertens! Auch wenn die Parkplatzsituation bei der alten Dame nicht ideal war – Melanie musste doch längst bei ihr sein! Britta schaltete den Anrufbeantworter ein, sprang auf und machte sich sofort auf den Weg.

Kurze Zeit später bog sie in die Straße ein, in der Klara Mertens seit fast 50 Jahren wohnte. Melanies Dienst-Polo stand mit Warnblinklicht in der zweiten Reihe. Außerdem entdeckte sie Carlos Fahrrad, das an einem Laternenpfahl vorm Haus angeschlossen war. Britta stellte ihren Wagen unmittelbar hinter dem Polo ab, schaltete ebenfalls den Warnblinker ein, sprang aus dem Fahrzeug und klingelte bei „Mertens". Wenige Sekunden später erklang der Türsummer.

Schon im Treppenhaus hörte sie Musik. Sie kannte den Song, denn sie war ein großer Beatles-Fan, und das *weiße Album* gehörte zu ihren Favoriten. *Birthday*, erstes Lied, dritte Seite. Irgendwas stimmte hier nicht. Sie nahm mehrere Stufen auf einmal.

Die Tür stand offen. Die Musik kam tatsächlich aus Klara Mertens' Wohnung. „Frau Mertens? Alles klar?"

Da sie keine Antwort bekam, betrat Britta zügig die Diele und folgte der Musik, die aus der Küche kam. Als sie in den Raum hineinschaute, klappte ihr vor Staunen der Unterkiefer herunter. Britta hatte mit vielem gerechnet, aber damit garantiert nicht:

Klara Mertens saß putzmunter und freundlich lächelnd an ihrem Küchentisch und winkte die Pflegerin zu sich. Dabei nippte sie an ihrem Sektglas. Vor ihr standen zwei weitere Gläser, eine bereits fast leere Flasche Champagner und ein Kassettenrekorder, aus dem die Musik der Beatles dröhnte. Zwischen Küchenzeile und Tisch tanzten Carlo und Melanie dazu ausgelassen eine etwas eigenartige, aber höchst originelle Choreografie, die Britta spontan an die Schul-Discos in den frühen Siebzigern kurz nach Mitternacht erinnerte. Sie brauchte einen Moment, um sich zu fassen. Dann betätigte sie die Pausentaste des Kassettenrekorders und fragte streng in die Runde: „Was ist hier los?"

„Siehst du doch, oder? Party ist los", kicherte Carlo und riss die Arme hoch. „Schließlich hat Klara heute Geburtstag. Jubel!"

Britta war nicht nach Jubeln zumute. „Ich habe mir Sorgen gemacht. Wieso seid ihr nicht ans Telefon gegangen?"

„Du hast angerufen?", staunte Carlo. „Haben wir gar nicht gehört. Die Musik war so laut."

Klara lachte.

„Und warum bitte, Frau Mertens, haben Sie den Notfallknopf gedrückt? Und das auch noch gleich zweimal?", fragte Britta eine Spur zu schroff.

Klara Mertens schmunzelte. „Weil Carlo und ich meinten, zu viert feiert es sich schöner als nur zu zweit. Und ich dachte mir: Wenn die Gäste nicht von selbst darauf kommen, dann drücke ich sie mir eben herbei."

„Das ist aber nicht im Sinne des …", setzte Britta pflichtbewusst an, doch jetzt schaltete sich auch Melanie beschwichtigend in das Gespräch ein: „Mal ehrlich, Britta – ein einundneunzigster Geburtstag ohne Gratulanten, das ist ja wohl ein echter Notfall! Oder siehst du das etwa anders?"

Insgeheim gab Britta der Kollegin recht. Letztendlich imponierte ihr sogar, mit wie viel Kreativität die Jubilarin ihr Schicksal in die Hand genommen hatte.

„Gut", seufzte sie. „Dann sage ich mal: Herzlichen Dank für die Einladung. Gibt's noch was zu trinken?"

Carlo schaute im Kühlschrank nach. „Schampus ist alle. Aber die Jungs bringen gleich noch Bier mit."

„Welche Jungs?"

„Meine Jungs. Klara hat uns eingeladen. Wir gucken heute Abend alle zusammen Champions League."

Am nächsten Morgen meldete sich Roman telefonisch aus Florenz. Er hatte ein schlechtes Gewissen: „Mama, es tut mir leid, dass wir gestern nicht da sein konnten. Aber nächstes Jahr feiern wir wieder gemeinsam! Versprochen!"

„Nächstes Jahr bin ich schon verplant", erwiderte Klara. „Da fahre ich mit Carlo, Britta, Melanie und den Jungs zum Waffelessen ins Sauerland!"

**Paulus Vennebusch**  wurde 1968 geboren
und zählt zu den erfolgreichsten TV- und Comedy-Autoren des Landes.
Neben seiner Tätigkeit als Chefautor der Samstagabend-Show »Verstehen Sie Spaß?«
schrieb er unzählige TV-Shows, u.a. »RTL Samstag Nacht«, »Was guckst du?«,
»Zimmer frei!«, »Dittsche« oder »Sing meinen Song«.
Darüber hinaus verfasste er Texte oder Bühnenprogramme für Comedians wie Ingolf
Lück, Jürgen von der Lippe, Olli Dittrich oder Kaya Yanar und stand zahlreichen
Moderatoren wie Guido Cantz, Johannes B. Kerner, Kai Pflaume oder Nazan Eckes
zur Seite. Vennebusch hat vier Kinder und lebt in Köln und Ramscheid (Eifel).

Text: Paulus Vennebusch
„Später Besuch" ist die überarbeitete Version der Geschichte „Hoher Besuch"
(in: Paulus Vennebusch: „A Tännschen please", arsEdition, 2013)

Gestaltung Cover: Grafisches Atelier, arsEdition GmbH
Gestaltung Innenteil: Jutta Gerber
Bildnachweis Cover:
www.shutterstock.com: Singleline, Iliveinoctober, solmariart, Zvezdesign
Bildnachweis Innenteil: www.shutterstock.com: S. 4, 6, 7, 10, 11, 14, 16: LuckyStep;
S. 13, 15, 19, 25, 36, 54: Singleline; S. 23: magic_creator; S. 28, 29, 35: samui; S. 33, 65, 73:
Valenty; S. 38, 52, 59: Simple Line; S. 41: Mikhail Gnatuyk; S. 43, 74: Retany; S. 45:
svetalik; S. 47, 66: lkidogoooo; S. 50, 51: Asiya Hotaman; S. 69: Yanina Nosova;
S. 70: JabaWeba; S. 76: tetiana_u; S. 79: Tartila
Hintergründe/Vignetten: www.shutterstock.com: Norrapat Thepnarin, TairA,
Iliveinoctober, solmariart, Cute art

ISBN 978-3-8458-4745-0

www.arsedition.de